为了教师的
自主成长
——教学技能提升

肖世林　李芝伦　罗洪彬◎主编

WEILE JIAOSHI DE
ZIZHU CHENGZHANG
——JIAOXUE JINENG TISHENG

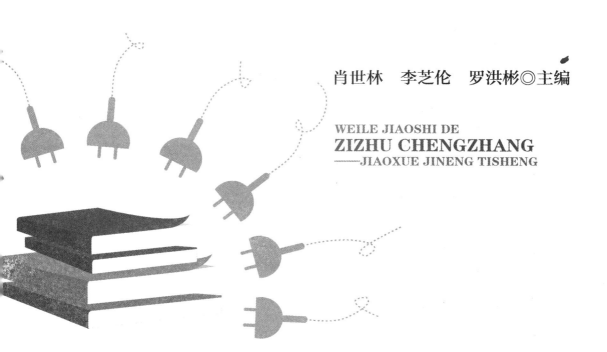

西南财经大学出版社

中国·成都

图书在版编目(CIP)数据

为了教师的自主成长/肖世林,李芝伦,罗洪彬主编.—成都:西南财经大学
出版社,2022.7
ISBN 978-7-5504-5290-9

Ⅰ.①为… Ⅱ.①肖…②李…③罗… Ⅲ.①中小学—师资培养—研究
Ⅳ.①G635.12

中国版本图书馆 CIP 数据核字(2022)第 044103 号

为了教师的自主成长
　　　——教学技能提升

肖世林　李芝伦　罗洪彬　主编

策划编辑:李邓超
责任编辑:王青杰
助理编辑:王　琴　石晓东
责任校对:金欣蕾
封面设计:墨创文化
责任印制:朱曼丽

出版发行	西南财经大学出版社(四川省成都市光华村街 55 号)
网　　址	http://cbs.swufe.edu.cn
电子邮件	bookcj@ swufe.edu.cn
邮政编码	610074
电　　话	028-87353785
照　　排	四川胜翔数码印务设计有限公司
印　　刷	四川五洲彩印有限责任公司
成品尺寸	170mm×240mm
印　　张	35
字　　数	622 千字
版　　次	2022 年 7 月第 1 版
印　　次	2022 年 7 月第 1 次印刷
书　　号	ISBN 978-7-5504-5290-9
定　　价	99.00 元(全三册)

总序

　　《为了教师的自主成长》这套书是全国教育科学"十三五"规划课题"西部地区县域教师专业发展支持体系建设研究"（2017 年度立项，编号：FGB170627）的衍生成果。

　　西部地区县域教师专业发展支持体系，是指以经济、教育欠发达的泸州市江阳区为样本，在区委区政府的领导下，教育行政和业务部门的共同努力下，以统领、方向、内容、活动四个维度，积极构建促进教师专业发展的四维赋能支持体系。

　　这个成果的代表样本"泸州市江阳区"，位于中国西南、四川省东南部，是泸州市的中心市区，其经济及教育事业发展与发达地区相比有较大差距，但相对领先于其他西部地区和四川省的一般县区。江阳区在教师教育方面，一直致力于改革探索，"教师队伍建设典型经验"研究等曾得到当时的中央教育科学研究所和四川省教育厅、四川省教育科学研究所的关注，获得诸多肯定与表扬。当然，也存在较大的发展与提升空间。

　　在全国申报立项研究教师专业发展支持体系，旨在解决以下问题：一是解决支持教师专业发展体制机制不够完善，增效促行欠缺的问题；二是解决不同层级、不同类别教师专业发展的目标和评价不系统、不完善、执行不持续的问题；三是解决培训课程内容系统性不强、针对性不足的问题；四是解决研修方式不够丰富、研修形式不够灵活的问题。

　　在前期实践的基础上，江阳区近几年又围绕教师专业发展支持体系系统建构进行研究，现已获得"四维赋能支持体系"研究成果。所谓

"赋能",就是赋予力量、增强效能。所谓"四维赋能支持体系",就是从统领维度探索体制机制,从方向维度设立目标与评价,从内容维度架构课程内容,从活动维度展开研修路径,从而多维合力、立体化地运作,以支持教师专业发展,并为整个区域的教师队伍建设赋予力量、增强效能。

一、统领维度——增效促行的体制机制体系

近几年,江阳区为促进区域内教师自主地进行专业发展,致力于建构增效促行的体制机制。所谓增效,就是增强支持发展的效能;所谓促行,就是建构起的体制机制,能促进支持教师发展的行动。这包括:

(1)上下谐动的管理组织。全区构成了"区委区政府—教育行政部门—教研部门—乡镇教管中心—学校"五级组织,在目标方向一致的基础上,围绕教师专业发展做到各司其职,各尽其能,同频共振。

(2)优化健全的管理制度。仅近几年中,江阳区就制定和完善了《教师教育发展规划》《名、优、骨干教师管理办法》等制度,以规范教师教育工作。

(3)运行足额的经费保障。比如,区政府坚持将教师培训经费按不低于教师工资 1.5%的比例纳入财政预算,确保教师培训的常态化开展;全区加大教师专业发展配套专项经费投入力度;足额投入以支持教研培训机构提档升级,确保培训项目开发、培训师资队伍培育、培训课程开发、网络支持平台建设等;明确教师培训经费的支付渠道、管理主体,确保教师培训经费足额划拨;建立和完善经费管理制度、定期审计督查制度,专款专用,提高培训经费使用效率。

(4)培训得力的队伍建设。江阳区在四川省最先建立起教研、培训、科研、技术装备等四合一的专事教师专业成长的机构——江阳区教研培训中心,以优化的管理带动区域范围内的教师专业成长;全区组建了一支由省教科院、高校专家、教研机构教研员和一线优秀教师等组成的本土化教师培训专家队伍,系统化地有效地实施教师培训。

二、方向维度——激励自主的目标、评价体系

多年来，江阳区大力探索建构激励教师自主发展的目标体系和评价体系，以充分彰显目标与评价在教师专业成长上的引领与导向作用。具体包括：

（1）梯级分类的目标设置。将全区教师分层分类，制定不同的发展目标，如分层制定星级校园长培训目标：培养三星级、四星级和五星级校园长；又如根据教师专业成长规划，分合格教师、骨干教师、领航教师、知名教师及本土教育专家而培养五级教师，建立起梯次"塔形"队伍。

（2）诊断、激励的评价方式。对应上述梯级分类的教师培养目标，江阳区建立起相应的评价标准并展开相应的评价；江阳区在全市率先实施素质教育质量评估，并已坚持了二十几年，评价体系与时俱进，日趋完善。此评估体系有力地引导学校重视教师专业发展，从论文撰写、公开课、专题讲座、教学技能竞赛、其他荣誉与表彰等方面关注教师专业成长，推动评价促行动的持续与常态。

三、内容维度——按需优建的课程内容体系

自开展本课题研究以来，江阳区特别注重架构全面支持教师专业发展的课程体系、多层面的课程门类，适应各类教师成长研修取向，尽力优化课程内容，满足各个层次教师的提升需要。如构建起了新入职教师、合格教师、骨干教师、领航教师、卓越教师等门类多样、架构合理、资源充足的课程内容。

江阳区还配合国家教师教育的"国培计划（2017）"的实施，理清了合格教师的专业培训内容，建构起中小学十几个学科的教师培训课程，即围绕"教材解读、教学设计、教学实施和教学评价"四大技能设置相关课程内容。

四、活动维度——常态成型的研修途径体系

经历了长期的研究与实践，江阳区为支持全域教师专业发展，形成

了"根—干—枝"的"树形建模"的研修活动系统。这个系统的各个部分是：

"根"为各显"神通"的校本研修。全区的校本研修体现为自主创研，形式多样，各具特色。

"干"为常态求实的全员教师培训。区域全员学科教研，自江阳区教研培训中心成立以来的二十多年，坚持如一，求实创新，促研利行。

"枝"为高标落地的专项培训。该培训包含管理人员培训、培训者培训、班主任培训以及各类骨干或优秀教师培训等，构成"树形"之"枝"（"大枝"又分"小枝"），多层面、多类型，立足需要，高标设计，落地做实，推动各类教育工作者专业本领不断升级。

江阳区通过近些年的课题研究与改革探索，建构起推动教师专业发展的四维赋能支持体系，这一完整体系的常态化运行，有力地促进了区域内教师的专业发展，促进了区域教育的整体提升。

一是构建了支持教师自主成长的良好生态，区域内各类教师成长迅速，综合能力不断提升。

二是催生了区域内教师教育经验成体系地推出成果，科研获奖项目量多质优。例如，《培建一体的星级校园长培养策略》《区域教师专项培训本土课程构建策略》《中小学教育科研骨干四段式培训策略》等成果，获得多次省市教育科研成果奖。

三是培育了一批有影响力的校园长和各领域的优秀教师。一批优秀校园长、优秀教师脱颖而出。近年来，江阳区的校园长、教师应邀到各地讲学300多次，获得省级以上荣誉、奖励1 200多项，还有如特殊教育学校肖敏老师荣获2020年"全国教书育人楷模"等。

四是促进了区域教育品质提升，让区域教育在省内外产生较强的影响。教师培育与学校建设一体，通过教师专业发展，促进区域高品质学校的建设，各校（园）的办学品质和特色得到彰显。各校办学理念更加先进，学校管理更加规范，办学特色更加鲜明，"一校一品"初步形成。

全区拥有国家、省、市特色、示范学校 78 所（次），5 所学校被评为泸州市教学结构改革优秀学校。据不完全统计，近年来，各校（园）获得省级以上荣誉、奖励 150 余项，每年承办省、市级以上各类现场会几十次。江阳区还成为全国"五育"融合教育改革试验区。

通过"西部地区县域教师专业发展支持体系"研究项目的建设，衍生出大量的教师教育工作成果和教师发展成果。比如 2020 年，江阳区在"国培计划（2017）"完成之后，出版了专著《"国培"：引领教师自主成长》（西南财经大学出版社出版），分为两册：上册为《"国培"：为了教师自主成长的区域行动》，下册为《"国培"：以教师工作坊承载自主研修》。

近期，我们又整理出一套三册书以《为了教师的自主成长》命名出版。这一套书分别是：

上册为《教学技能提升》，属于教师教育工作成果，在教师专业发展支持体系成果中，属于区域内合格教师专业培训的课程内容架构与培训实施的工作经验。这本书清楚地呈现出《江阳区中小学教师教学基本技能标准》，并围绕这个标准在各类教师身上生成技能，较为详细地介绍了教师培训工作的展开路径与方式，包括：教学技能提升培训的组织与管理；教学诊断的实施；示范教学的实施；研课的实施；磨课的实施；成果展示的实施；总结提升的实施。

中册为《课堂教学建模》，属于教师发展成果，在教师专业发展支持体系研究中，是效果支撑点之一。这本书呈现出江阳教育系统有意引导各类教师中的优秀成员，在自己专业发展到一定阶段，以自主建模来显现专业成熟与优秀状态。这本书遴选了众多江阳教师所建课堂教学模式中的部分样例，用小学 13 例，中学 18 例，以冰山一角、管中窥豹的方式来显示江阳区教师的个体专业发展水准，同时多学科的课堂教学模式举例，也给广大一线教师自主建模提供了示范。

下册为《教师成长故事》，属于教师发展成果，在教师专业发展支持体系研究中，也是效果支撑点之一。这本书的故事来源于江阳教师经历培训和自主发展的真实生活。这样的故事不断地发生在数千位中小学、幼儿教师身上，体现出他们在专业上不断提升，职业生命不断发育的心路历程，也常常是感人的教师生活呈现。全书精选47个教师自主成长的故事，分启航篇、提升篇、突破篇和领航篇等几个板块来呈现，从数十个个体的视角，透露出江阳区多级多维的课程内容及多途径多方式的培训，在教师身上发挥的作用与教师自主成长的生命嬗变。

三册书基于教师教育和教师专业发展支持体系研究，围绕促进教师自主发展主题，呈现出的内容有管理工作经验、培训操作办法、教学模式介绍和教师发展故事，适合各个层面的教育工作者阅读，在各取所需中得到收获。

由于我们水平有限，全书内容架构及编写，难免诸多缺陷与疏漏，甚至可能有错误，恳请广大读者批评指正。

编者

2022 年 6 月

前言

面对社会发展对教育带来的需求升级、工作要求调整，以及教育新观念、新理论、新技术的不断涌现，对教师教学技能的要求也在不断提高，甚至经常"涨停"。适者生存，作为教师，必须主动学习，更新知识，改进行为，升级理念，才能适应现实、顺应社会的发展。

以教学技能及其前置知识、衍生能力为核心的教师专业发展，主要途径有自主提升、合作研讨和规范培训，三者有机融合、相辅相成。区域层面组织实施的教师教学技能培训，针对教师专业发展存在的普遍性核心问题，以规范的形式与内容，通过任务驱动的方式进行，为广大教师成长为合格、优秀的教师提供机会和载体。

项目的实施离不开为什么、是什么、怎么做、怎么样这几个问题，就教师教学技能提升培训的"为什么"，大家都有初步的共识。对于后三个问题，我们通过实践探索，找到了初步的答案：主要针对"教学内容建构、教学设计、教学实施、教学评价"四项基本技能，以解决教学技能存在的问题与不足为导向，以真实的教学实践为载体，以明确的任务为驱动，立足教师自主，引导和帮助教师与同伴、培训者一起，自主诊断、学习、实践、研究，通过发现问题、获取知识、观摩学习、交流研讨、实践训练、反馈矫正、提炼感悟的经历与体验，丰富经验，真正内化理解各项教学技能的实质，熟练其操作要领，在教学技能提升的同时促进观念与知识的更新。

《教学技能提升》共六章，从实际操作层面，以简洁明了的叙述和丰富的案例，对引领和促进中小学教师自主提升教学技能培训"做什么，怎么做，做得怎么样"进行了介绍。

第一章（教学技能提升培训的组织与管理），就"教学内容建构、教学设计、教学实施、教学评价"四项基本的教学技能（以下简称"教学技能"）提升培训的主要内容、评价、组织管理进行了阐述，回答了"做什么""做得怎么样"，以及组织管理层面"怎么做"的问题。

第二章（教学诊断的实施），介绍参培教师如何在专家指导下，与同伴、专家一起，对照教学技能标准，通过课堂观察、访谈、问卷、检测等方式，对自己和同伴的教学技能现状进行诊断，找准问题、不足，确定培训的内容、方式和起点、重点，针对性地制订具体的教学技能提升实施方案。并通过参与性的诊断、分析，学习教学诊断技能，深入认识教学技能，特别是自己存在的不足与成因，激发学习内驱力。

第三章（示范教学的实施），介绍在诊断的基础上，如何针对参培教师教学技能存在的问题与不足，选取与之契合的课例，采取备课、上课、说课、资源建设等多种研修方式，由培训团队通过现场示范性展示，为参培教师提供临摹样本，指导参培教师自主地对照样本找准差距、分析原因，特别是找出解决问题、提升教学技能的有效措施，落实实践行动，现场完成并交流展示针对性的教学技能提升"输出任务"。

第四章（研课的实施），介绍如何结合诊断与示范，围绕教学技能以及衍生的"课堂建模""教学资源建设"等内容，通过引导性、互动式专题讲座，以及任务驱动的专题学习和聚焦主题的互动研讨等方式，引导和促进参培教师，自主地以完成、输出优化课堂的《教学设计方案》，以及相应的教学资源为载体，对如何提高教学技能、优化课堂进行学习、研究和实践。

第五章（磨课的实施），介绍参培教师如何在"研课"的基础上，通过自磨、同伴磨、专家磨等途径，研磨"备课"成果，通过示范、诊断、片段雕琢等方式精心打磨，构建并优化学科教学模式、教学资源库，帮助参培教师在自主建构中反思，在同伴互助中感悟，在专家引领中成长，在实践中提升教学技能。

第六章（成果展示的实施），介绍参培教师如何围绕教学技能提升目标，在专家指导下，与同伴一起，经历"教学诊断、观摩示范教学、研课、磨课"的基础上，以课堂教学、教学资源展示为主要输出载体，将教学技能显性化展示，促进相互启迪与改进，也为后面的"总结提升"将教育实践理论化搭建交流平台。

第七章（总结提升的实施），介绍参培教师、培训团队、中小学校，如何在专家引领下，通过回顾、检查、评估参培教师参与学习活动、完成学习任务、达成学习目标的情况，明晰教育观念发生了哪些转变，教学技能提高情况如何，教学与学习行为有哪些改变，学习联系实际解决了哪些问题，客观分析差距与不足，形成有指导意义的成果。

学习中，我们听到的、看到的、记下的，都只是碎片化的信息。只有当我们自主地用心去遴选，有效地深度加工，将接受到的信息与原有认知融合，才能存入记忆。但这还不够，还要及时地将新的认知运用于实践解决问题，并不断地反思、总结、提炼，才能真正升级认知结构，提升技能，发展能力。当我们"衣带渐宽终不悔，为伊消得人憔悴"，学习、改进的量积累到一定程度时，必然会产生质变。那时，蓦然回首，将会发现，"那人却在灯火阑珊处"！

编者

2022 年 6 月

目录

第一章　教学技能提升培训的组织与管理 ……………………（001）

第二章　教学诊断的实施 ……………………………………（016）
　　第一节　诊断的目标 ………………………………………（016）
　　第二节　诊断的内容 ………………………………………（019）
　　第三节　诊断的实施 ………………………………………（024）
　　第四节　诊断报告的撰写 …………………………………（040）

第三章　示范教学的实施 ……………………………………（049）
　　第一节　示范的目标 ………………………………………（049）
　　第二节　示范的内容 ………………………………………（056）
　　第三节　示范的方式 ………………………………………（064）

第四章　研课的实施 …………………………………………（069）
　　第一节　研课的目标 ………………………………………（069）
　　第二节　研课的实施内容 …………………………………（075）

第五章　磨课的实施 …………………………………………（090）
　　第一节　磨课的目标指向 …………………………………（090）
　　第二节　磨课的实施策略 …………………………………（095）
　　第三节　磨课的注意事项 …………………………………（102）

第六章　成果展示的实施 ······························ （107）

　第一节　成果展示的目的 ··························· （107）

　第二节　成果展示的实施内容 ····················· （113）

第七章　总结提升的实施 ······························ （128）

　第一节　总结提升的目标与内容 ··················· （129）

　第二节　总结提升的实施内容 ····················· （145）

第八章　结束语 ······································· （167）

参考文献 ··· （169）

第一章 教学技能提升培训的组织与管理

县域层面教师专业发展的组织与管理，大体分为教研与培训两条线。有的区、县由分别设置的教研室和进修校组织、实施和管理，有的区、县由教培中心或教师发展中心下设的教研室、师培干训室分别组织、实施和管理。整体上看，总体目标基本相同，但实际活动的内容与形式，大多将常态教研与培训割裂开来，两者各行其是，导致实施难度较大、成本较高，而且效果打折比较严重。

县域层面教师教研与培训工作，还存在研修、培训的目标、内容和方式碎片化、随意化的问题，相关部门与各学段、各学科各自为政，导致广大教师的教学理念五花八门；教学技能缺乏基本的底线标准，导致差异过大；教、研、培难以形成合力和共识，制约着教育改革的推进和教学质量的提升。

为整合培训资源，减轻参培教师的负担，提升培训实效，我们在深入调研、摸清现状的基础上，梳理提炼出存在的问题，结合区情精准设置教师专业发展目标，将常态教研与培训活动融合设计与组织、实施和管理，明确工作内容，规范人员的分工、职责，制订并落实工作措施，规范有序地开展工作，加强过程监控与质量监测，及时反馈、调校工作，提升教师研训工作实效，确保教师研训任务的完成和目标的达成。

一、工作目标

立足本区中小学教育教学和教师的实际，围绕学生"会学、学好"的目标，以教师"会教、教好"为抓手，采取切实可行的措施，帮助参培教师提升师德水平和教学技能，在达成保底规范的基础上，实现差异化提升。

（1）指导县域学科教师教学技能提升培训，打造培训指导团队。

（2）诊断县域教师学科教学技能方面存在的主要问题，形成诊断报告。

（3）形成学科"教学内容构建、教学设计、教学实施、教学评价"的技能培训标准。

（4）建设县域学科教师教学技能培训课程，以及相应的资源库。

（5）分步组织集中培训，指导和促进学校规范开展校本研修活动。

（6）引导和帮助教师提高师德水平，更新教育教学观念，提升教学技能，优化教学行为，提升教学质量。

案例1-1：江阳区中小学教师教学基本技能标准（表1-1）

表1-1　江阳区中小学教师教学基本技能标准

一级指标	二级指标	三级指标
教学内容建构技能	（1）根据课标要求，结合学情，准确预设、规范呈现"三维一体化"的学习目标，课堂有新目标生成。 （2）正确理解所教学科的知识体系、基本思想与方法。 （3）掌握所教学科内容的知识、原理与技能，关注过程与方法、情感态度价值观内容。 （4）教学内容紧扣教学目标，教学内容凸显学科特点、思想、核心技能以及逻辑关系。 （5）教学内容选择、组织和阐述处于或稍高于学生目前水平。 （6）开发课程资源，通过增、删、换、合、生等方式灵活处理教材，课堂中生成新的学习内容并恰当地运用。 （7）容量适合本班学生，有备选练习、案例等，较好地满足不同学生的需求。 （8）教学内容的呈现顺序、时机、载体、方式恰当，针对内容和资源提出学习建议，有效地进行学法指导。 （9）正确选择并呈现激发学生学习兴趣、进行组织教学的内容。 （10）向学生推荐、提供的课外学习内容恰当	略
教学设计技能	（1）根据课标要求和学生实际，科学设计、呈现整体的课时教学目标，编制学段教学计划。 （2）围绕教学目标，合理利用教学资源和方法设计教学过程，编制教学设计方案。 （3）教学环节构成完整，逻辑关系合理，流程清晰，时间分配恰当。 （4）学生学习活动的内容、形式与载体结合得当。 （5）讲解、演示、示范、动作、板书、媒体辅助与教学目标、内容和学生特点相适应。 （6）话题、问题、练习、任务的载体与形式，与教学目标、内容和学生特点相适应。 （7）学生自主、合作、探究学习的内容、时机、载体、方式恰当。 （8）对突发事件处理、课堂生成正确预设，制订有效预案。 （9）学法指导与学习习惯训的内容、时机、措施得当。 （10）教学设计有特色，有利于引导和帮助学生自主学习、个性化学习	略

表1-1（续）

一级指标	二级指标	三级指标
教学实施技能	（1）营造良好的学习环境、情境与氛围，激发与保护学生的学习兴趣，师生情感和谐，学生积极参与学习。 （2）围绕教学目标达成，通过启发式、探究式、讨论式、参与式等多种方式，有效实施教学。 （3）教学环节构成完整，逻辑关系合理，流程清晰，时间分配恰当。 （4）引发学生独立思考、主动探究和学习创新，促进学生自主、合作、探究学习的内容、活动与载体。 （5）根据实际有效调控教学过程、调整教学设计，处理偶发事件得当，善于利用不同认识、意见等课堂生成资源展开教学。 （6）讲解、动作、板书、媒体辅助与教学目标、内容和学生特点相适应。 （7）关注全体学生，问题驱动教学，话题、问题、练习处理得当。 （8）学生自主、合作、探究学习的内容、时机、方式恰当。 （9）有效指导学法，培养学生的学习习惯。 （10）有比较明显的个性化特色	略
教学评价的技能	（1）利用评价工具，掌握多元评价方法，多视角、全过程评价学生发展。 （2）有效地引导学生进行自主评价。 （3）采取恰当的方式获取教与学的过程评价信息、检测学习目标达成情况。 （4）正确评价学生课前准备和课外学习情况。 （5）正确评价学生自主学习情况。 （6）正确评价学生倾听、表达、合作、展示等参与学习的情况。 （7）通过观察和证据，正确评价学生任务完成情况。 （8）通过恰当的证据和反馈方式，正确评价学生学习目标达成情况。 （9）正确评价学生的学习方法与习惯。 （10）正确处理获得的评价信息，调整和改进教育教学行为	略

二、工作内容

（一）组织并打造学科教师教学技能提升培训与指导团队

整合省市教科研部门、大专院校、网络平台等资源，线上线下培训、集中与自主学习结合，组织实施学科教师教学技能提升培训工作。

（二）确定培训与指导主题

以两年为一个周期，第一学年每期两次，每次2天；第二学年共2次，每次 2 天，两年共 6 次 12 天。根据培训目标，结合参培教师和指导团队的实情，整体规划，确定并明确每次的培训主题。

案例1-2：江阳区学科教师教学技能提升培训内容与时间安排表（表1-2）

表1-2　江阳区学科教师教学技能提升培训内容与时间安排表

	时间	活动主题
第一次	2018 年 4 月上中旬	"教学诊断入门""解读与建构教学内容"技能提升
第二次	2018 年 4 月下旬—2018 年 5 月	"教学设计技能"提升
第三次	2018 年 9 月下旬—2018 年 10 月上旬	"教学实施"技能提升
第四次	2018 年 11 月下旬—2018 年 12 月上旬	"教学评价"技能提升
第五次	2019 年 3 月中下旬	构建合格课堂
第六次	2019 年 4 月下旬—2019 年 5 月上旬	构建优秀、打造特色课堂
第七次	2019 年 9 月下旬—2019 年 10 月上旬	总结工作，提炼成果
第八次	2019 年 12 月	成果展示与推广应用

（三）确定培训内容与评价标准

通过实践探索，构建"教学内容构建、教学设计、教学实施、教学评价"四项技能的一、二、三级评价标准，研制出评价量表等诊断工具。

（四）组织实施培训

按照"诊断示范、研课磨课、成果展示、总结提升"四个环节，通过同课异构、异课同构、指导校本研修等方式，重点针对参培教师的四项教学技能进行培训。

（五）整理提炼形成成果

通过实践探索，构建帮助参培教师专业发展的培训机制，提炼、固化成果并推广应用。

（六）考核评估

对各学科组培训活动的组织与实施，各中小学校组织实施参培工作，以及参培教师参加培训学习情况，进行考核评估。

三、职责分工

（一）教育行政部门职责

（1）根据省市要求，积极引入高校资源，有效整合本地资源，建立学科教师教学技能提升培训支持体系，制订培训计划和实施方案。

（2）组建培训团队，制定相关激励机制，根据培训规划和职责分工，落实培训经费，支持培训团队开展培训工作。

（3）健全管理制度，明确各方职责，确保各环节工作落实到位。

（4）依据质量标准，做好对培训机构、指导团队和学校的过程监管与绩效考核。

（5）及时发现、发掘先进做法和典型经验，提炼成果并推广应用。

（二）指导团队职责

（1）积极参加培训学习，提升学科教师教学技能。

（2）采取多种方式，梳理、研究参培教师课堂教学的突出问题，对参培教师的教学技能进行诊断，形成诊断报告。

（3）根据培训目标，针对参培教师实际情况，开发学科培训课程。

（4）按照培训实施方案，围绕主题，采取恰当的方式，高质量完成培训任务。

（5）对参培教师教学行为改进、教学技能提升和学校校本研修工作的改进情况进行评估。

（6）有效加工培训的生成性资源，建好培训资源库。收集相关过程与成果资料，及时总结经验、提升形成工作成果并推广应用。

（三）学校职责

（1）将学科教师教学技能提升培训纳入校本研修规划，制订本校实施方案，实现学科教师教学技能提升培训与校本研修的有机整合。

（2）会同指导团队做好诊断示范、研课磨课、成果展示、总结提升等环节的工作。

（3）做好学科教师教学技能提升培训活动的相关组织与后勤保障工作，采取有效措施，帮助参培教师解决工学冲突等矛盾。

（4）指导、督促、激励参培教师积极参加培训活动，主动接受并参与教学技能诊断，按要求完成学习观摩、研课磨课、成果展示、总结提升等环节的任务和资料，做好参培教师的过程监管与绩效评估。

（5）做好培训工作的总结，整理、提炼参培教师的生成性资源、成果并推广应用。

（6）及时向送培项目组反馈相关信息，提出工作改进建议。

（四）参培教师职责

（1）积极主动地接受、参加教学诊断，观摩示范教学，聆听专家讲座，找准自身课堂教学存在的突出问题，明确研修目标任务，制订个人研修计划。

（2）观摩诊断与示范课前，积极做好准备，按要求同题备课，形成教学设计稿。

（3）观摩诊断与示范课时，对照自己的教学设计稿写出议课意见，做好议课交流准备，同时形成自己的教学设计修订一稿。

（4）认真参加研课、磨课，通过交流互动，优化教学设计，形成教学设计修订二稿。

（5）通过课堂教学展示、说课、观议课等形式，及时将培训所学应用于课堂实践，提升课堂实效。课后再磨课，形成教学设计修订三稿。

（6）参与各项教学技能二级指标修订和三级指标建设，及时收集"设计、说课、上课、议课"和"微课例、微案例、微故事"等学习、反思、交流、展示活动的过程资料，整理、提炼形成成果并固化呈现，按要求提交。

四、工作措施

（一）建设指导团队，构建工作机制

根据教师组成情况，将参培教师共分为 18 个教师教学技能提升培训学科组，根据参培教师数量，按每个学科组 5～20 人的规模，建立由外聘专家、教培中心学科教研员、区内骨干教师组成的学科指导组。

学科指导组由学科教研员负责，选拔综合素质优秀者作为助手，担任副组长。同时，在参培学员中，选择优秀者组建班委。

1. 组建指导团队

指导团队包括学科教师教学技能提升培训项目主管团队、领导组、实施组，实施组下面按学科设置学科指导组，学科指导组由组长、副组长、行政带班领导、行政班主任、学术班主任、后勤班主任组成，明确相关人员的工作职责。

案例 1-3：学科指导组各类人员工作职责

江阳区学科教师教学技能提升培训学科指导组人员职责

学科教师教学技能提升培训项目学科组指导工作，由学科项目组负责人与行政带班领导、行政班主任、学术班主任、后勤班主任共同完成。工作时间为 2018 年 4 月开始，为期两年，具体分为 6 次活动，每次 2 天，共计 12 天培训活动。

1. 学科项目组负责人的职责

学科项目组负责人负责本学科教师教学技能提升培训活动的全面工作，制订培训计划，负责与上级教科研部门、师范院校、区学科教师教学技能提升培训项目管理组的对接、联系，与本学科的带班领导和三位班主任协作，负责学科组的财务工作。

2. 行政带班领导的职责

行政带班领导与学科项目组负责人共同完成培训管理工作，协调三位班主任的工作，督促学科培训活动，负责培训安全工作，及时解决培训中出现的问题。

3. 行政班主任的职责

行政班主任负责学科培训时学员的报到、考勤；培训的班务管理、常规工作，如负责照相、录像、标语、简报、宣传报道等；与学术班主任共同对学员进行考核、评优。

4. 学术班主任的职责

学术班主任负责学员培训需求调查、落实培训课程（内容）、联系学科专家、组织班级学术活动、收集整理学科培训资料（学员手册、教学课件、生成性成果等），完成培训总结报告，与行政班主任共同对学员进行考核、评优。

5. 后勤班主任的职责

后勤班主任负责培训场地（教室）的落实，包括电脑、投影、音响、灯光、饮水等；负责专家的交通、接待、食宿安排；负责学员住宿安排；及时解决培训中的后勤保障问题。

各班级的学员自治与管理团队，包括班长、副班长、学习委员、生活委员、纪律委员、文体委员、小组长等，人员与职责由各学科组参照相关要求自行确定。

2. 打造指导团队

通过专家引领、同伴互助、自主提升等措施，引导和促进指导组提高认识、统一思想、提升专业水平，进而提升业务素质，并以此为契机，建设一支常态化的学科教师教学技能提升培训优秀骨干教师队伍。

3. 构建工作机制

构建专项与常态结合的工作常规、管理制度、学习与研讨要求、激励措施、后勤保障等工作机制，确保教师教学技能提升培训工作的顺利实施和目标达成。

（1）培训工作的各学科组认真按要求制定学科组整体与各学年工作计划，每次培训活动后，在检测与实证分析的基础上，认真总结经验与成果，形成工作总结、教师培训资源包、研修成果资料。

（2）项目组定期对各学科组的工作过程、效果、成果进行评估、诊断，提出工作改进建议，对工作主动积极、成效突出的指导教师予以表彰奖励，对工作不力者进行调整。

（3）各学科组、参培学校根据教育行政部门、教研部门的要求，制定并完善管理评价机制，做好参培教师的监管、评估工作，表彰先进、督促后进，激励全体参培教师认真参与培训活动，主动展示交流，积极提炼并分享成果。

（4）精心设计并印制《学科教师教学技能提升培训管理手册》《学科教师教学技能提升培训学员研修手册》（以下简称"两册"），明确任务与要求，引导和落实培训活动规范有序地开展。各学科组、学员如实填写"两册"，作为学习记录、过程管理的载体，以及评价的部分依据。

构建多维交流平台，通过每次一期的简报展示、现场交流、过程与成果资料查验、网络交流，以及访谈参培教师、学校校长、培训者等，及时反馈信息，调控、改进培训工作。

4. 后勤保障

（1）交通。在确保安全的前提下，由各学科组与指导教师协商解决。

（2）时间。指导教师所在学校站在全局的高度，积极支持和配合培训与指导工作，主动为指导教师的培训与指导提供便利。

（二）建设培训课程

各学科组根据前期的培训需求调研分析结果，结合指导团队的实际，组织以指导教师为核心的研发团队，以让学生"会学、学会"为目标，以教师"会教、教会"为抓手，围绕教师"教学内容的建构、教学设计、教学实施、教学评价"四项技能，开发培训课程，建设以引导和促进教师四项技能为核心的专业发展资源包。

1. 整合资源，建设培训课程

将师德与理念的培训渗透于技能培训中建设培训课程，每项技能确定具体的培训目标与内容，编制简洁的培训读本，制作出具有较强针对性和实效性的培训课件，拟订出可行性较强的学习建议。

2. 训研结合，开发教学资源

各学科按年级组建备课联组，参训学员分工合作，以小组为单位，集中训研前，画出学段、本册、单元、课时的学习内容思维导图；将课程标准与每节教材内容对接，制定出精准的课时学习目标；将目标问题化、任务化，设计教学活动与流程，编选练习与检测题，绘制学习内容思维导图或设计结构化板书，形成与课堂流程吻合的导学案和课件。

每部分内容确定一个研发教学资源的主备小组，提前一周将教学资源提交学科组 QQ 群，全组学员通过网络平台进行研讨。集中培训、研修时，以此为范本组织研讨课，全体成员观摩、诊断、研讨，主备小组收集意见，进一步修订完善后再次提交共享。

学科教师教学技能提升培训重在实践与反思，参培教师以小组为单位，通过合作完成具体的工作任务，促进教师在实践中学习、感悟，同时，通过网络研修引导学习相应的理论、经验并运用于实践。

3. 关注过程，用好潜隐课程

集中训研前三天布置作业——完成指定内容的教学设计和课件制作。集中训研时，参培教师带着作业观摩研讨课、示范课，聆听专题讲座，再次修订并呈现作业，梳理所观摩课堂的亮点、不足并提出问题，在此基础上研课磨课、展示成果。在过程中感悟和内化，形成新的经验，促进师德的提升、教育教学理念的转变。

4. 提炼成果，形成拓展课程

及时梳理、提炼工作经验、教学设计与课件资源、课例与案例、突破重难点的有效措施等，固化成果。

（三）组织实施培训活动

引入"交互式、教练式"的培训理念与方式，创设真实情景，以解决实际问题为载体，引导参培教师主动学习、思考，通过实践转变教学观念、提升教学技能、优化教学行为，形成新经验，养成新习惯。

1. 诊断示范

（1）诊断。

①培前诊断。整合资源，充分应用现代信息技术平台，通过多种方式，对学校的教育、教学、教师存在的问题进行全面深入的调研诊断，就重点培训的"四项技能"与师德建设、校本研修的开展等，梳理、提炼出急需解决且能够解决的主要问题，形成诊断报告。针对发现的问题，指导组与中小学校领导、教师共同研究，确定各阶段培训主题。指导参培教师针对培训主题，采取示范教学（说课、微格课）、专题讲座、专项指导（评课）等多种形式，分点分步地组织培训。

②单次诊断。针对每次培训主题，全体参培教师提前3天同题备课。诊断时，2~4名参培教师同步承担诊断课，全体参培教师与培训专家、指导教师一起，对照《江阳区中学教师教学基本技能标准》，通过课堂观察、访谈、问卷等方式，对承担诊断课的教师的教学技能进行诊断。

（2）示范。

根据参培教师技能培训的需要，针对诊断发现的问题，指导组通过同课异构、微格课、说课、点评、专题讲座、互动研讨等多种方式，进行示范教学与针对性培训。参培教师通过观摩、聆听、讨论等多种方式进行学习，修订教学设计稿。

（3）交流。

参培教师在聆听指导教师专题讲座和培训教师说课，进行问卷调查、访谈师生、查阅资料等活动的基础上，与指导教师和其他参培教师一起互动，交流收获、困惑与感悟。

指导组进一步诊断参培教师的教学技能，找准参培教师在该项技能中存在的问题、分析成因，确定有针对性的培训措施。

（4）报告。

在诊断的基础上，进行讨论研究，就如何提升参培教师的教学技能、改进教学观念与行为的行动策略达成共识，形成诊断报告。

2. 研课磨课

每个时段和每次集中培训活动期间，就某一确定的主题，针对存在的问题，对照指导教师的示范与培训，各学校组织教师通过校本研修，开展研课磨课活动。一般按照先分组再全班交流的方式，为每位参培教师提供充分发言的机会。

指导组通过同课异构、片段示范、专题指导、交流研讨等方式，帮助参培教师解决问题，提升技能。

参培教师结合所观所议的感悟修订甚至重新完成教学设计，团队成员集体研讨，指导教师再次指导点评，促进参培教师由感性的"术"的操作，升级为理性的"略"的感悟，并向更高的"道"的层面延伸。

分组研讨，修订该项教学技能二级指标，制定三级指标与评价细则。尝试应用评价细则回顾评价诊断课、示范课，反馈指导相应指标与细则的修订。

3. 成果展示

（1）单项展示。

每次活动，参培教师及时通过说课、微格课、课堂教学、心得体会、论文与课例分享等形式，将修订的教学设计转化为教学行为，展示学习后的新举措、新技能、新方法。

参培教师的汇报展示课，采用同课异构的方式，与诊断课、示范课同题，组织多位参培教师展示。

指导组与学校、教师一起，对培训效果进行检测、评价，指导学校和参培教师对相关成果进行提炼、修订、呈现并收集上报。

（2）综合展示。

根据阶段目标达成与任务完成情况，指导组横向联系学科或学校，组织同科异校、同校异科教师，通过说课、上课、评课、课例与案例分享、故事交流、专题交流等形式，进行阶段性成果展示，促进相互激励与提升。

4. 总结提升

（1）单次总结。

在小组研讨的基础上，经全班研究，修订该项教师教学技能二级指标，制定三级指标与评价细则。应用评价细则回顾评价诊断课、示范课与展示课，对照反思，进一步修订三级指标与评价细则。

活动结束后，对本次活动的组织开展情况、取得的效果、存在的问题进行总结，并提炼形成学术、技术成果。

（2）阶段总结。

各学科组在培训活动第一年（四次）结束时，结合对教师四项教学基本技能培训效果的评估，提炼形成学科的总体教学模式和课型变式，并在第二年的培训活动中，通过实践研究进行优化、升级。

各中小学校、学科指导组、项目组，以年度为单位，对培训工作进行总结，梳理经验、查找问题、确定工作改进措施，提炼成果并推广应用。

培训工作结束时，回顾工作开展情况，检测效果，整理提炼成果，梳理反思存在的问题，形成总结报告。

（四）成果提炼

1. 形成学科教师教学技能提升培训资源包

收集培训专家、指导教师、参培教师的优秀课例、作品、成果，整理提炼，形成教学技能提升培训资源包。

2. 编写学科教师教学技能提升培训成果集

各学科组、参培学校与教师，及时收集、提炼并上报培训工作取得的成果和相应的案例、经验、图片、视频等过程资料，学科组负责人牵头，组织相关人员整理、提炼，形成培育成果集。

五、评价与考核

按照目标任务，确定出明确具体的对应考察点，对相关人员的工作与学习的参与、效果与成果等进行考核。

（一）对指导组及成员的评价考核

案例1-4：江阳区中小学教师教学技能提升培训指导组及成员考核指标

表1-3 江阳区中小学教师教学技能提升培训指导组及成员考核指标

评价指标	考察点
培训态度	按要求执行培训方案，完成学科教师教学技能提升培训任务的态度与行为
培训能力	解决中小学校和教师教学问题的程度，研发的培训课程质量与实施情况
方式创新	培训方式方法的针对性与创新性
培训效果	培训的实效性，参培教师教学行为与效果的改变情况
成果辐射	总结、提炼、推广送培经验与成果的效益，对其他教师的辐射引领情况

（二）对参培教师的评价考核

案例1-5：江阳区中小学教师教学技能提升学习情况考核指标

表1-4　江阳区中小学教师教学技能提升学习情况考核指标

评价指标	考察点
明确任务	参与诊断示范环节的积极性与行为，明确自身课堂教学存在的突出问题及研修任务的情况，基于教学改进的个人研修计划的制订情况与质量
改进教学	参与研课磨课的积极性与行为，借鉴示范课例优化教学设计的行为与质量，将培训所学用于课堂实践提升课堂教学实效的行为与效果
形成成果	在培训中形成的教学设计修订稿、过程感悟、心得体会、经验总结、论文等个人成果的丰富性，参与"说课、上课、评课、微课例、微案例、微故事"等展示活动的行为、效果与成果
自我评价	对参培过程进行自我评价，提炼经验、成果，明确改进目标，制订下一步研修计划的情况

（三）对中小学校的评价考核

案例1-6：江阳区中小学教师教学技能提升培训参培教师所在学校工作情况考核指标

表1-5　江阳区中小学教师教学技能提升培训参培教师所在学校工作情况考核指标

评价指标	考察点
制订计划	制订校本实施计划，将教师教学技能培训和校本研修有机整合并纳入学校工作规划，落实培训方案
组织实施	主动修订学校管理机制，采取有效措施，协助指导组做好诊断、示范、研课磨课、成果展示、总结提升等环节的工作，找到、找准要解决的真问题，督促工作落实和任务完成
资源建设	收集整理培训过程中的资源，筛选、提炼出优秀成果形成校本研修的课程资源，按要求上报并推广应用
培训总结	及时总结本校培训实施工作，督促参培教师做好阶段和全面的总结提升工作
评估监管	采取有效措施对本校学科组和教师的参培过程进行监管和考核评估，确保培训活动的顺利开展
培训效果	本校参培教师按要求积极参与培训活动，阶段性与终结性目标达成度高，教师教学技能和教学质量显著提升

对各类团队与成员，根据考核结果，通过一定的方式，表彰先进、督促后进，引导和促进工作的开展与落实。

六、资料收集

1. 管理资料

（1）学科组教师教学技能提升培训实施方案。

（2）参培教师、班干部、分组等班级建设信息表。

（3）培训规范与管理制度等。

（4）简报。

2. 过程资料

（1）签到表、活动安排表等。

（2）活动过程记录。如议课、交流发言、讨论等记录资料。

（3）照片与视频。反映工作过程，特别是令人感动的典型情节。

（4）参培教师的教学设计初稿与修订一、二、三稿电子文档（遴选部分有代表性的优秀教学设计原稿与修订三稿作为成果资料），议课、交流发言稿。

3. 成果资料

（1）以学科组为单位，全面深入调研中小学校本学科教学中存在的主要问题（现象），据此分析整理出教师教学技能存在的主要问题，剖析成因，找出解决对策，形成《参培教师教学技能××学科诊断报告》。

（2）教学技能评价的二级指标修订稿、三级指标内容、评价实施细则（诊断量表）。

（3）指导教师培训的教学设计稿、PPT、课堂实录片段、照片、课后反思、评议课记录等。

（4）学科单项教学技能培训的讲座稿（40分钟内）、PPT。

（5）参培教师的成果报告：《提升教学技能》（心得体会）。

（6）学科组成果报告：《如何帮助参培教师提升教学技能》（大题目，小组题目自定）。

（7）培训活动中感人的故事、触动内心成长的案例片段，以文字的形式及时记录。

（8）参培教师的典型课例，成长的典型案例，包括文字与影音资料。

（9）阶段小结。按照实施方案中"评价与考核"的要求，对指导、参培的团队、个人进行工作情况的专项考核和效果评估，提炼出相应的学术成果，形成阶段工作小结。根据工作考核与效果评估结果表彰先进集体与个人，曝光、批评后进者，修订下一阶段的工作实施方案。

第二章　教学诊断的实施

"诊断"一词源于医学上的一个专用术语，是指诊视、判断病情及其发展情况。本书所说的"诊断"是指课堂教学诊断。

教学诊断是指为了强化教师素质和提高教学技能与水平，通过对课堂全过程的看、听、问等手段，在理性思考的基础上，探究发现执教者在教学过程中暴露出来的问题，就教学技能进行归因分析，从教学技能提升的角度，提出解决问题的方法与措施。

在制订活动方案前进行前置性的诊断，制订出合情合理的研训活动方案。本书所说的"诊断"是指针对江阳区教师教学技能提升培训的第一环节，是参培教师与专家、上课教师一起，对照教学技能标准，通过课堂观察、访谈、问卷、检测等方式，对教师的教学技能进行诊视、判断。其目的是通过对课堂表象进行分析，找到教学技能的差距与不足，确定培训方案，促进教师的自主成长。

第一节　诊断的目标

为什么在每次教研培训活动中首先要进行"诊断"呢？也就是诊断的目标是什么？

一、聚焦问题，精准定位研训目标

《中国教育报》刊登的《力促培训方式的实践性转型》一文指出：广大教师对"培训需求"聚焦度最高的关键词是"实践性培训"，当前教师更希望"解决问题"的培训，就是分析问题的症结、给出解决问题的方法、呈现解决问题的案例、开展解决问题的行动。参培教师的需求是要解决教学中存在的问题，需要培训者找准问题，而每次教研培训活动中诊断就是找准问题、聚焦问题。

为了增强每次教研培训的实效、促进教师自主成长，就要结合教师的培训需求精准施培，而精准施培的前提就是诊断。因为每位教师的上课特点、风格、方式各自不同，所以或多或少存在不同的问题。通过诊断分析，聚焦突出问题的共通性，然后准确定位送教目标，做到因需施培。比如，我们通过诊断，发现课堂上学生思考不足，学生是在大量的练习中学会知识，但只知其然不知其所以然，所以针对学生练习题的问题，我们设计了以下研训活动目标：

（1）开展培训，使参培教师重新认识课堂练习题的重要性。

（2）举办示范课和专题讲座，解决参培教师课堂教学中练习题多而不精、针对性不强、教师点拨不到位的突出问题。

（3）实行研课磨课，指导参培教师开展校本研修，提高教学设计能力，精选练习题，精讲练习题，从而提高教师的课堂教学能力和教学研究能力，提升自身专业素质，激发专业发展动力。

诊断是教研培训的起点，其最基本的目的就在于发现问题、聚焦问题，精准定位送教目标。

二、确定示范内容形式

"诊断"聚焦问题后要通过"示范"来解决问题，在诊断的基础上精准定位送教目标后，继而要确定示范内容与形式，最后才是实施。如初中化学教研团队在深入课堂听课与调研诊断后，发现不少教师对中考复习课的教学目标的设置存在一定的问题：与新课教学目标没有差别，没有体现出知识的整合、能力的培养、技能的提升；复习课的重难点确定发生偏离。这样导致的结果是：复习课上成了新课、教学环节不清晰、教学重点不突出、难点未突破、教学任务完不成。针对这些问题，指导团队在精准定位送教目标——提升教师复习课教学目标设计能力后，确定了以下示范内容与形式。

案例2-1：初中化学第二次教研培训活动安排表（表2-1）

表2-1　初中化学第二次教研培训活动安排表

培训主题	培训目标	培训时间	形式	具体内容
初中化学教学设计技能	提升复习目标设计能力	第二次教研活动（第一天）	课例研究微讲座分组研讨	诊断与示范课例研究：《物质的推断》专题复习 微讲座：有关教学目标设置与教学过程活动元设计 分组研讨：组内互动，课例剖析，探讨本课例中教学目标的设置与达成情况
		第二次教研活动（第二天）	课例研究微讲座分组研讨	成果展示：《物质的推断》专题复习 微讲座：培训专家针对参培教师教学设计中的教学目标进行专题讲解与评析 分组研讨：组内互动，课例剖析，探讨本课例中教学目标设置的合理性与达成情况，确定最恰当合理的教学目标等

（江阳区教研培训中心　朱玉莲）

三、找准研课磨课起点

研课磨课就是对诊断聚焦出来的问题进行研究并努力解决的过程，主要以课例为载体，通过教师自我反思、同伴互助、专业引领等，寻找解决问题的方法和策略。因此诊断为研课磨课找准了起点。比如，在复习课中，基础知识的梳理问题，是放任学生在课前完成还是在课堂中第一步完成？是教师给出导学案只是让学生填写还是学生在教师的引导下完成导学案？知识网络图的构建是放手给学生还是教师引导或是教师直接给出？由此确定了研课磨课的一个内容就是复习课中基础知识的梳理，让教师通过课例研究、小组讨论、反复打磨，找到最适合自己学生的知识梳理方法。

四、提供成果展示导向

成果展示是教研培训活动的第三个环节，在该环节中参培教师通过上课、说课、评课等方式展示研课磨课的成果。诊断聚焦的问题为成果展示提供了导向：展示什么？如何展示？

案例2-2：初中数学研训活动某次的成果展示

展示内容：教学实施中薄弱的教学技能点。

根据课堂观察诊断，发现教师们的导入、讲解、提问、结束新课四项技能比较薄弱，因此确定展示的内容为这四项。

展示方式：教学片段展示。

根据诊断课后教师的自我反思、示范课后的对比反思、关于技能提升的指导团队专题讲座、学员团队的研讨互助、指导团队针对性指导后的片段教学展示。三个班每班推选四个教师展示四项教学实施技能。

（江阳区教研培训中心　王晓兰）

五、做好总结提升铺垫

总结提升是教研培训活动的最后一个环节，总结是对研训活动的全过程、环节进行回顾与梳理，反思其中的成功与失败，提出改进的方法与措施。提升是对研训活动的方案、培训课程、资源等材料，依据一定的教育理论，进行深度加工，形成有效的模式、资源和策略等。诊断聚焦的问题为做好总结提升起到了铺垫作用：制订恰当的研训活动方案、确定培训课程、选择培训资源等，无一不是为总结提升做准备。

第二节　诊断的内容

江阳区教培中心通过前期调研、诊断等方式，立足江阳区中小学教育的实际，围绕学生"会学、学好"的终极目标，以教师"会教、教好"为抓手，采取切实可行的措施，重点帮助参培的教师提升师德水平和教学技能，促进教师的自我专业成长与发展。由此根据《教师专业标准》提出了提升教师教学技能的四个方面：教学内容建构、教学设计、教学实施、教学评价。诊断的内容也是紧紧围绕着这四大技能展开的。

一、教学内容的建构技能的诊断

教学内容的建构技能是指教师对教材的深度理解与重新建构，充分挖掘教材的深度，把课程转化为自己的行为，使之最大限度地发挥教材作用的能力。诊断时，指导团队可以从以下方面进行观察：

（1）能否正确理解所教学科的知识体系、基本思想与方法。

（2）能否正确掌握所教学科内容的基本知识、基本原理与技能。

（3）能否正确预设、规范呈现合适的教学目标和评价目标，课堂是否有新目标生成。

（4）教学内容是否能紧扣教学目标，教学内容是否能凸显学科特点、思想、核心技能以及逻辑关系。

（5）教学内容选择、组织和阐述是否处于或稍高于学生目前水平。

（6）教学内容的容量是否适合该班学生，是否有备选练习、案例等，是否能较好地满足不同学生的需求。

（7）能否合理开发课程资源，能否通过增、删、换、合、生，灵活处理教材，课堂中是否生成了新的学习内容并恰当地运用。

（8）教学内容的呈现顺序、时机、载体、方式是否恰当。

（9）能否正确选择并呈现激发学生学习兴趣、进行组织教学的内容。

（10）向学生推荐、提供的课外学习内容是否恰当。

案例2-3：初中语文教学内容的建构技能诊断内容

初中语文教师建构教学内容的技能主要体现在研读语文课程标准的基础上对教材的阅读、理解与运用，因此从以下三个方面进行诊断：

一、读透

（一）从教师角度

除了积累、理解、分析、比较、整合文本外，语文教师还要做到哪些？

1. 挖掘教材内蕴的深度

示例：《答谢中书书》（陶弘景）对"自康乐以来，未复有能与其奇者"的思考：

（1）陶弘景能"与其奇"吗？

（2）谢中书能"与其奇"吗？

（3）读者我能"与其奇"吗？

2. 拓展教材认知的广度

示例：《以植树的牧羊人》（让·乔诺，七上，13课）、《最后一课》（都德，七下，6课）和《我的叔叔于勒》（莫泊桑，九上，15课）为素材，组合成以"法兰西文化"为议题的群文阅读。

3. 提升教材理解的高度

示例：比较阅读《竹里馆》（七下，第三单元课后）与《茅屋为秋风所破歌》（八下，第24课），明确杜甫之"圣"：

（1）忠君爱国，矢志不渝。

（2）关注国事，洞察时事。

（3）推己爱人，心忧天下。

（4）关爱妻儿，不离不弃。

（5）集成传统，开辟新风——以大唐最痛苦最悲辛交集的心灵，最灼热最动人的良知，见证了一个朝代的由盛转衰，江河日下。杜甫沉重的忧思与苦难凝结成为不朽的诗篇，亦永远地擦亮了大唐的天空。

（二）从学生角度

（1）学生视而不见的。

（2）学生学而不获的。

（3）学生思而不得的。

（4）学生练而不会的。

二、思辨

例1：黛玉笑岔了气，伏着桌子只叫"嗳哟！"——《刘姥姥进大观园》（九上，24课第七段）

例2：公将鼓之⑤。【注】⑤之：起补足音节作用。——《曹刿论战》（九下，20课第二段）

例3：要知道实际的情形，只有靠自己亲身视察。做学问也是这样，最要紧最可靠的材料是自己亲见的事实根据；……（眼见为实？）——《怀疑与学问》（九上，18课第三段）

三、活用

（1）读写结合。

（2）学习运用。

（3）生活应用。

教师引领学生学习语文——积累为文化，沉淀为素养。

（江阳区教研培训中心　张远成）

二、教学设计技能的诊断

教学设计技能是根据课程标准的要求和教学对象的特点，在教学工作正式开始前，确立合适的教学起点和终点，将教学诸要素有序、优化安排，确定合适教学方案的能力。在诊断时，因为教学内容的建构技能里面包含了教材、学情的分析等，所以关于教学设计技能的诊断可以从以下几方面进行：

（1）能否根据课标要求和学生实际，科学设计、呈现整体与课时教学目标，编制学段教学计划。

（2）能否围绕教学目标，合理利用教学资源和方法设计教学过程，编制教学设计方案。

（3）教学环节构成是否完整，逻辑关系是否合理，流程是否清晰，时间分配是否恰当。

（4）学生学习活动的内容、形式与载体结合是否得当。

（5）讲解、动作、演示、示范、板书、媒体辅助与教学目标、内容和学生特点是否相适应。

（6）话题、问题、练习、任务的载体与形式，与教学目标、内容和学生特点是否相适应。

（7）学生自主、合作、探究学习的内容、时机、载体、方式是否恰当。

（8）对突发事件处理、课堂生成是否能正确预设，制定有效预案。

（9）德育目标、学法指导与学习习惯育训的内容、时机、措施是否得当。

（10）教学设计是否有特色，是否有利于引导和帮助学生自主学习、个性化学习。

案例2-4：小学数学教学设计技能诊断内容

小学数学学科在诊断课堂小结设计技能时，从学生实际出发，诊断内容有三条：是否强化了学生对本课程的兴趣；是否肯定了本堂课学生的表现；是否盘点了本堂课学生的收获。

（江阳区教研培训中心　李敏）

三、教学实施技能的诊断

教学实施技能是指教师在课堂上实施教学方案、解决具体教学问题进而实现教学目标的能力。教学实施所包含的内容比较多，也比较细，诊断时可以着重从调动学生积极性、教学方法、教学环节、学生活动等方面进行：

（1）是否有利于营造、调控形成良好的学习环境、情境与氛围，激发与保护学生的学习兴趣，师生情感和谐，学生积极参与学习。

（2）围绕教学目标达成，是否能通过启发式、探究式、讨论式、参与式等多种方式，有效实施教学。

（3）教学环节构成是否完整，逻辑关系是否合理，流程是否清晰，时间分配是否恰当。

（4）是否能引发学生独立思考、主动探究和学习创新，是否能促进学生自主、合作、探究，学习的内容、活动与载体是否恰当。

（5）能否有效调控教学过程、调整教学设计、处理偶发事件，是否能善于利用不同认识、意见等课堂生成资源展开教学。

（6）讲解、动作、板书、媒体辅助与教学目标、内容和学生特点是否相适应。

（7）是否关注全体学生，问题是否引领教学进程，话题、问题、练习处理是否得当。

（8）学生自主、合作、探究学习的内容、时机、方式是否恰当。

（9）能否有效指导学法和训育学生的学习习惯。

（10）是否有比较明显的个性化特点与风格。

教学实施技能的诊断可以选择一两个点进行，想要面面俱到比较困难。

案例 2-5：初中历史教学实施技能诊断

在初中历史课堂中，关注全体学生，问题驱动教学，是众多技能中尤为关键的技能，同时也是我区历史教师比较薄弱的技能。因此，在研训活动中指导团队对课堂提问技能分别从教师和学生角度进行了诊断，过程如下：

（1）在听课的同时记录授课教师提出的每一个问题，并依次将问题填写在量表中。

（2）听课老师（观察者）再根据授课教师的问题，结合量表对问题的设置情况进行相应的判断，并在对应的方框内打"√"即可。

（3）学生根据授课教师提问情况，在方框内填写出你认为"提得好的问题""可以改进的提问"以及"发现的历史问题"。

（4）整理回收统计，分析得出提问技能主要存在的问题。

诊断内容如表2-2所示。

表2-2　教师课堂提问观察量表（教师版）

课题：　　　　　　　　观察者：

教师提问	问题层次				提问对象			学生回答方式				问题达成情况				教师理答			
	获取解读	调动适用	描述阐释	论证探讨	个别同学	小组同学	全班同学	无应答	个别回答	集体回答	讨论汇报	较弱	一般	较好	好	重复答案	鼓励表扬	追问	不做回应
1																			
2																			
3																			
4																			
5																			
6																			
7																			
8																			
9																			
10																			
11																			
12																			
13																			
14																			
15																			
16																			
17																			
18																			
19																			
20																			

（江阳区教研培训中心　欧阳菊）

四、教学评价技能的诊断

教学评价是以教学目标为依据，运用恰当的、有效的工具和途径，对学生的知识、能力和发展水平进行价值判断的活动。教学评价技能是教师对学生学习行为和学习效果评价的能力。在诊断时，可以从以下十个方面进行：

（1）能否利用评价工具，是否掌握多元评价方法，多视角、全过程评价学生发展。

（2）能否引导学生进行自我评价。

（3）能否采取恰当方式获取教与学的过程评价信息、检测学习目标达成情况。

（4）能否正确评价学生课前准备和课外学习情况。

（5）能否正确评价学生自主学习情况。

（6）能否正确评价学生倾听、表达、合作、展示等参与学习的情况。

（7）能否通过观察和证据，正确评价学生任务完成情况。

（8）能否通过恰当的证据和反馈方式，正确评价学生学习目标达成情况。

（9）能否正确评价学生的学习方法与习惯。

（10）能否正确处理获得的评价信息，调整和改进教育教学行为。

案例2-6：初中英语教学评价技能诊断

初中英语在观课、评课、磨课、议课的过程中，需要紧密围绕教学评价技能在课堂教学各环节中是如何落实展开的。诊断内容如表2-3所示。

表2-3　评价诊断表

上课教师		上课内容			上课时间	
评价诊断						
诊断内容		优	良	中		差
1. 课堂过程评价丰富						
2. 课堂过程评价实时						
3. 过程评价恰当						
4. 当堂检测评价及其有效性						
其他：						

（江阳区教研培训中心　李青梅）

第三节　诊断的实施

一、自我诊断

教师自我的专业发展需求，是研训活动开展的前提。教师对自身教育教学能力现状的认知，可帮助教师建立自我发展性的内在需求。为此，在每一次教学技能提升培训活动中，我们都制作了相关的诊断量表，帮助教师进行自我诊断，明确自身教学能力的现有水平，激发主动培训的内在需求。每次的自我诊断分两部分完成。

（一）课前自我诊断及量表

在培训前每位参培教师就教学技能的四个方面进行自我诊断，填写在学员手册上。

案例 2-7：参培教师教学技术自我诊断表

参培教师教学技术自我诊断表示例如图 2-1 所示。

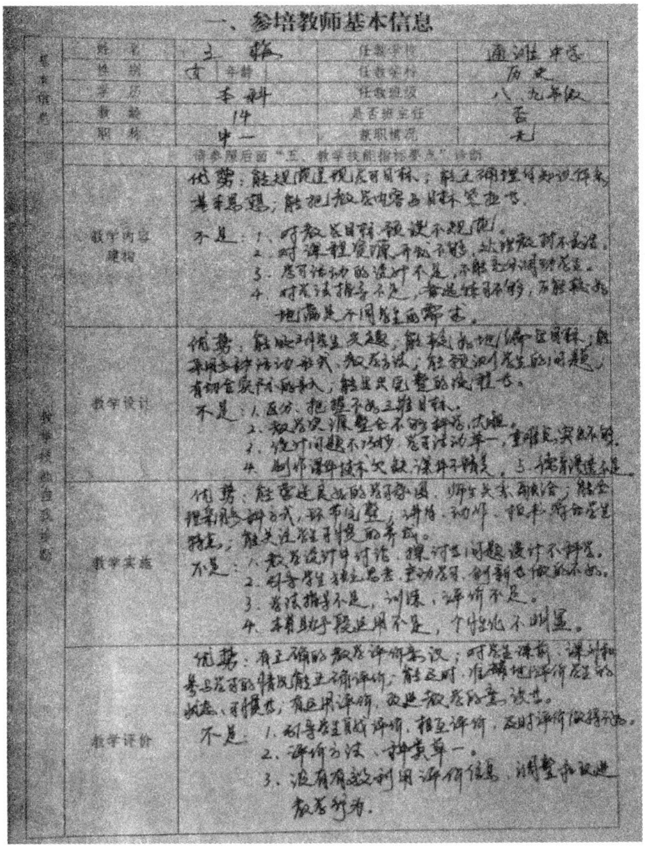

图 2-1　参培教师教学技术自我诊断表示例

（江阳区通滩中学　王梅）

各学科根据《中小学幼儿园教师培训课程指导标准》设计了相关的自我诊断量表，帮助教师自我诊断相关技能所处水平。

案例2-8：初中化学教学内容建构技能自我诊断量表

江阳区初中化学学科教学内容建构技能自我诊断量表

时间：_____　　地点：_____　　姓名：_____　　学校：

1. 化学学科特征与内容体系理解（　　）。

A. 基于初中课标、教科书，零散　　B. 基于中学课程内容，全面

C. 基于学科，系统，分析解释　　　D. 基于学科，系统，迁移应用

2. 化学学科的价值认识（　　）。

A. 零散，并不清楚化学对学生有哪些影响

B. 能够建立各领域的关联

C. 系统，有意识地引导学生关注化学学科在各领域的发展

D. 系统，有意识地引导学生应用化学知识解决各种问题

3. 课程性质和目标的理解（　　）。

A. 不关注课程性质和课程目标，在被问及时才会零散想起有关内容

B. 能按照课程标准大致说出课程性质和课程目标，但不能在教学中主
　　动将其作为重要依据

C. 知道课程性质和课程目标，并将其作为教学反思、教学评价依据
　　之一

D. 能清晰地表达课程性质和课程目标，教学中努力实现课程目标

4. 关于学习目标（　　）。

A. 无明确的学习目标

B. 能预设、呈现学习目标

C. 目标定位准确，课堂无新目标生成

D. 目标定位准确，课堂有新目标生成

5. 关于课程内容的认识（　　）。

A. 按照教科书顺序教学，不关注化学课标中课程内容主题

B. 知道课标中规定的五个内容主题，能将教材和课标联系起来

C. 能说出五个主题的主要教学内容和发展逻辑

D. 能分析教材与课标、内容间的关系，理解教材的内容安排逻辑

6. 关于教学内容的选择（　　）。

A. 能够选择一定的教学内容

B. 容量合情合理

C. 教学内容紧扣教学目标，容量适合学情

D. 教学内容紧扣教学目标，容量适合学情，创造性地进行了增减

7. 教学内容与信息技术融合（　　）。

A. 使用了一定现代教育手段

B. 结合需要，使用现代教育手段

C. 使用了丰富多样的技术手段，恰当整合或融合

D. 体现现代教育发展的技术手段，自主研发资源，实现互联网+

说明：初中化学教学内容建构技能自我诊断量表设计了六个方面的问题，每个问题设置了四个层次的选项（分别对应一、二、三、四级水平）。

（江阳区教研培训中心　朱玉莲）

（二）观摩示范引领后的自我诊断

每次研训活动都要提前七天进行一个同题备课（与示范课的内容一致），在研训活动第一天把纸质文档带来。在观摩示范课、听完专题讲座后，结合示范课与专家的专题讲座进行自我诊断，在纸质文档上进行修改，形成教学设计第二稿。

案例2-9：初中数学教学设计自我诊断

初中数学教学设计自我诊断示例如图2-2所示。

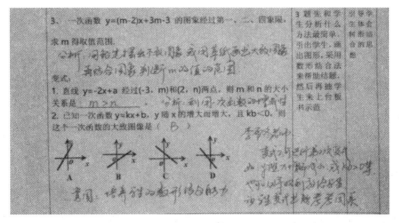

图2-2　初中数学教学设计自我诊断示例

（泸南中学　万里）

二、同伴诊断

课堂是教师工作的主阵地，因此同伴诊断的重要方式是课堂观察。

（一）概述

"没有任何体制、修炼方法或'如何'可以带来解脱。只有观察才是真正的解脱行为。你必须去观察，但不是通过别人的眼睛。"

——克里西那穆提（印度）

课堂观察是通过观察对课堂的运行状况进行记录、分析和研究，在此基础上谋求学生课堂学习的改善、促进教师发展的专业活动。它是专业的观察活动，有明确的研究主题，事先有系统规划，凭借自身感官（如眼、耳等）及有关辅助工具（观察表、录音、录像设备等），直接或间接地从课堂情境中即时记录教和学的行为，并依据相关理论和现场第一手资料再做深入研究的一种教育科学研究活动。

课堂观察的起点与归宿都是学生课堂学习的改善，是以学生课堂的有效学习为落脚点。因此课堂观察主要关注学生是如何学习的、会不会学习以及学得怎么样，然后才是观察教师的教学行为。除此以外，影响课堂教学质量的因素还包括课程性质与课堂文化。课堂观察的维度及视角如图2-3所示。

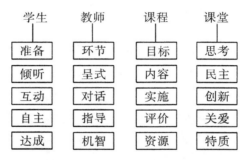

图2-3 课堂观察的维度及视角

（二）制作课堂观察量表

课堂观察量表是课堂观察的重要工具，制作观察量表要围绕学生、教师、课程和课堂四个维度来进行。在制作时要注意以下几点：一是有效性，既要全面揭示所要观察的内容，又要避免相互涵盖；二是简洁性，便于操作；三是定量与定性相结合，既有质的又有量的观察点。

在研训活动中，各学科指导团队都制作了许多观察量表。下面以上述四个维度予以说明。

维度一：学生——学习方式（表2-4）

表2-4 观察量表（维度一）

视角	观察点举例
准备	学生课前准备了什么？是怎样准备的？准备得怎么样？有多少学生做了准备？学优（困）生的准备习惯怎么样？
倾听	有多少学生能倾听老师的讲课？能倾听多少时间？有多少学生能倾听同学发言？倾听时，学生有哪些辅助行为（记笔记、查阅、回应）？有多少人？

表2-4(续)

视角	观察点举例
互动	有哪些互动行为？学生互动能为目标达成提供帮助吗？参与提问、回答的人数、时间、对象、过程、质量如何？ 参与小组讨论的人数、时间、对象、过程、质量如何？ 参与课堂活动的人数、时间、对象、过程、质量如何？ 学生的互动习惯怎么样？出现了怎样的情感行为？
自主	学生可以自主学习的时间有多少？有多少人参与？ 学困生的参与情况怎样？ 学生自主学习的形式（探究、记笔记、阅读、思考）有哪些？各有多少人？ 学生的自主学习有序吗？学生有无自主探究活动？学优生、学困生情况怎样？ 学生自主学习的质量如何？
达成	学生清楚这节课的学习目标吗？ 预设的目标达成有什么证据（观点、作业、表情、板演、演示）？有多少人达成？ 这堂课生成了什么目标？效果如何？

维度二：教师——教的技艺（表2-5）

表 2-5　观察量表（维度二）

视角	观察点举例
环节	由哪些环节构成？是否围绕教学目标展开？ 这些环节是否面向全体学生？ 不同环节、行为、内容的时间是怎么分配的？
呈示	怎样讲解？讲解是否有效？ 板书怎样呈现的？是否为学生学习提供了帮助？ 媒体是怎样呈现的？是否适当？是否有效？ 动作（如实验、制作）怎样呈现？是否规范？是否有效？
对话	提问的对象、次数、类型、结构、认知难度、候答时间怎样？是否有效？教师的理答方式和内容如何？有哪些辅助方式？是否有效？ 有哪些话题？话题与学习目标的关系如何？
指导	怎样指导学生自主学习（阅读、作业）？是否有效？ 怎样指导学生合作学习（讨论、活动、作业）？是否有效？ 怎样指导学生探究学习（实验、课题研究、作业）？是否有效？
机智	教学设计有哪些调整？为什么？效果怎么样？ 如何处理来自学生或情景的突发事件？效果怎么样？ 呈现了哪些非语言行为（表情、移动、体态语）？效果怎么样？ 有哪些具有特色的课堂行为（语言、教态、学识、技能、思想）？

维度三：课程——教学与学的内容（表2-6）

表2-6　观察量表（维度三）

视角	观察点举例
目标	预设的学习目标是什么？学习目标的表达是否规范和清晰？目标是根据什么（课程标准、学生、教材）预设的？是否符合该班学生？在课堂中是否生成了新的学习目标？是否合理？
内容	教材是如何处理的（增、删、合、换）？是否合理？课堂中生成了哪些内容？是怎样处理的？是否凸显了本学科特点、思想、核心技能以及逻辑关系？容量是否适合该班学生？如何满足不同学生的需求？
实施	预设了哪些方法（讲授、讨论、活动、探究、互动）？与学习目标合适度如何？是否体现了本学科特点？有没有关注学习方法的指导？创设了什么样的情景？是否有效？
评价	检测学习目标所采用的主要评价方式是什么？是否有效？是否关注在教学过程中获取相关的评价信息（回答、作业、表情）？如何利用所获得的评价信息（解释、反馈、改进建议）？
资源	预设了哪些资源（师生、文本、实物与模型、实验、多媒体）？预设资源的利用是否有助于学习目标的达成？生成了哪些资源（错误、回答、作业、作品）？与学习目标达成的关系怎样？向学生推荐了哪些课外资源？可得到程度如何？

维度四：课堂——文化氛围（表2-7）

表2-7　观察量表（维度四）

视角	观察点举例
思考	预学习目标是否关注高级认知技能（解释、解决、迁移、综合、评价）？教学是否由问题驱动？问题链与学生认知水平、知识结构的关系如何？怎样指导学生开展独立思考？怎样对待或处理学生思考中的错误？学生思考的人数、时间、水平怎样？课堂气氛怎样？
民主	课堂话语（数量、时间、对象、措辞、插话）是怎么样的？学生参与课堂教学活动的人数、时间怎样？课堂气氛怎样？师生行为（情景设置、叫答机会、座位安排）如何？学生间的关系如何？
创新	预教学设计、情景创设与资源利用有何新意？教学设计、课堂气氛是否有助于学生表达自己的奇思妙想？如何处理？课堂生成了哪些目标、资源？教师是如何处理的？

表2-7（续）

视角	观察点举例
关爱	学习目标是否面向全体学生？是否关注不同学生的需求？特殊学生的学习是否得到关注？座位是否安排得当？课堂话语（数量、时间、对象、措辞、插话）、行为（叫答机会、座位安排）如何？
特质	该课体现了教师哪些优势（语言风格、行为特点、思维品质）？课堂设计是否有特色（环节安排、教材处理、导入、教学策略、学习指导、对话）？学生对该教师教学特色的评价如何？

案例 2-10：初中物理学科课堂观察量表（表2-8）

表 2-8　初中物理学科课堂观察量表

观察维度：学生互动

	人数	时间	对象	过程	质量
A. 参与提问					
B. 参与小组讨论					
C. 参与课堂活动					
D. 非投入状态（做无关的事）					
E. 非投入状态（离开座位）					

（江阳区教研培训中心　陈维勇）

案例 2-11：初中地理学科课堂提问观察量表（表2-9）

表 2-9　初中地理学科课堂提问观察量表

观察维度：教师教学——对话

授课教师	提问次数	个别回答	集体回答	机械回答	追问	教师自答	活动提问	是否点评
甲								
乙								

（江阳区教研培训中心　刘显辉）

（三）课堂观察程序

1. 课前会议

（1）执教者陈述：本课的内容主题、该课程中的关系与地位、本班学生的情况（包括优生与学困生座位）、教学环节的安排等。

（2）观察者提问与上课教师沟通，讨论上述问题，确定观察点，制定观察工具（观察量表或记录表）。

2. 课中观察

观察者带着事先准备好的观察工具提前进入课堂，选择观察位置，在听课的过程中如实做好记录，注意避免影响教学。

3. 课后会议

（1）执教者陈述：本节课获得成功的途径、学习目标达成与否、各种教学行为是否有效、有无偏离教案。

（2）观察者从不同的角度报告并交流课堂观察结果，最后做简要总结。

（3）协商得出几点结论和行为改进建议，包括成功之处、个人特点与改进建议。

课堂观察是一种研究活动，它在教学实践和教学理论之间架起一座桥梁，为教师的专业发展提供了一种很好的途径，它将促进教师的专业发展，改善学生的课堂学习。因此，在研训活动中，指导团队教会了教师理解、接受课堂观察这种诊断方式，而且在同伴诊断中得到很好的运用，对执教者与观察者都能促进他们走向专业的听课评课。

三、专家诊断

专家诊断的方式很多，包括课堂观察、师生访谈、问卷调查、证据分析。在前面已经详细说明课堂观察，在这里只讨论师生访谈法、问卷调查法和证据分析法。

（一）师生访谈法

1. 概述

师生访谈法是指研究者通过与研究对象进行面对面、有目的的口头谈话的方式，直接从研究对象处获取第一手资料的一种研究方法。本书中的师生访谈法是指指导专家根据诊断的需要，向教师和学生提出问题，通过师生的回答来收集有关课堂教学资料的方法，达到诊断的目的。

2. 师生访谈法的优缺点

（1）优点：简便易行，便于送教专家与师生交流信息，能获得可靠有效的资料；比较灵活，便于控制；适用面广；能在交谈的时候进行观察；能建立双方融洽的关系，消除顾虑，反映真实的想法。

（2）缺点：样本量小，需要较多的人力、物力和时间，应用上受到一定限制；无法控制受访师生的种种影响。

3. 师生访谈的方式

依据不同的分类标准，访谈的方式多种多样，在研训活动中，经常采用的访谈方式是个别访谈和集体访谈。

（1）个别访谈。

个别访谈可以有更多的机会对受访师生的内心世界进行深刻的挖掘，私密性相对较好。

（2）集体访谈可以为参与者提供一个相互交流的机会。

4. 师生访谈的实施

（1）设计好师生访谈的提纲。围绕研训活动诊断聚焦的问题，设计好本次访谈的提纲，明确访谈的目的和所要获得的信息，列出所要访谈的内容和拟提出的主要问题。

案例2-12：初中化学访谈提纲

针对初中化学有关中考复习课的教学对参培教师进行访谈，设计的提纲如下：

1. 你认为中考复习需不需要进行教学设计？

2. 中考复习中你认为知识梳理应该怎么处理？

3. 在中考复习中你是重基础知识的复习还是重能力的提升？

（江阳区宜定学校　冯光英）

（2）恰当提问。在进行访谈时，指导专家首先要创设轻松、愉悦的氛围，使教师和学生消除顾虑，然后向教师和学生提出简单、清楚、明了、准确的问题，尽可能地适合教师和学生，另外，还可以适时、适度地追问。

（3）准确捕捉信息，及时收集资料。指导专家在访谈时注意倾听，不要轻易打断对方，必要时与教师和学生进行平等的交流，及时捕捉有用信息，收集有关资料。

（4）适当做出回应。指导专家不只是提问者和倾听者，对师生的回答要不时地做出回应，可以是"对""是吗""很好"等语言，也可以是点头、微笑等激励性行为。

（5）及时记录访谈内容。不管是个人访谈还是集体访谈，指导专家都要及时地记录访谈内容，以便访谈结束后整理形成访谈报告。

（二）问卷调查法

1. 概述

问卷调查法也称"书面调查法"或"填表法"，是用书面形式间接搜集研究材料的一种调查方法。本书中的问卷调查法是指导专家根据诊断的需要，围绕课堂教学，向教师和学生以书面的形式提出有关问题，从而获取相关信息，聚焦问题。

问卷调查法与师生访谈法相比较，有着以下优点：能节省时间、人力和体力；结果更容易量化；更容易统计处理和分析；能够大规模地调查，可信度强。在本期教研活动中，参培教师为 2 150 人，要想更快捷、更简便地从众多教师和学生中诊断出教师教学技能、课堂教学存在的问题，就得使用问卷调查法。

2. 问卷的编制

问卷调查一般包括四个部分：标题、导语、正文、结束语。

（1）标题。

问卷的编制必须围绕一定的主题，确定问卷标题。在研训活动中，主题一定是围绕教师四项教学技能来拟定的。比如，要诊断农村教师教学设计技能，可以拟定问卷题目为：农村____学科教师教学设计技能问卷调查表，主题是教学设计。这样被调查的教师就能对所要回答的问题有一个大致了解：本次问卷的主题是教学设计技能。拟定标题时既要简明扼要，又要点明调查主题。

（2）导语。

导语是指前言或问卷说明，一般包括对被调查者的称谓、自我介绍、调查目的、填写要求说明等。

案例 2-13：农村小学数学教师教学设计技能问卷调查表的导语

尊敬的老师：

您好！

我们正在开展一项农村学校教师培训的相关研究。为了了解我区农村小学数学教师教学设计技能的现状，特编制本问卷用于调查。本问卷采取匿名的方式，答案无对错之分，调查信息绝不涉及对教师和学校的评价，并对您填写的信息严格保密。您的如实填写对我们的研究至关重要，真诚感谢您的积极合作与热心支持！

（江阳区教研培训中心　彭燕）

（3）正文。

正文是调查问卷的主要部分，也就是问题与选项。问题可以做如下分类（图 2-4）：

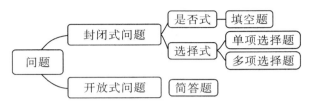

图2-4 问题分类

设计问题时，要注意突出重点，不要出现无关主题的问题。还要注意排列的逻辑顺序：由浅入深、由易到难、先简后繁；先具体后抽象、先封闭后开放。

题型设置一般是填空题、单项选择、多项选择或简要回答。一般情况下是先单项选择题，其次是多项选择题，或者是填空题在中间，最后是简答题。

案例2-14：农村小学数学教师教学设计技能问卷调查表

选项（1~16题）

A. 完全符合　　　　B. 基本符合　　　　C. 不确定

D. 基本不符合　　　E. 完全不符合

1. 能准确把握所教内容在章节中或整个数学知识体系中的地位。（　　）

2. 能深刻认识到教材内容的安排在培养学生思想、能力、情感等方面发挥的重要作用。　　　　　　　　　　　　　　　　　　　　　（　　）

3. 能从教材中提炼出本节课的重点、难点。　　　　　　　　（　　）

4. 会对教材内容进行自主地增删以适应教学需要。　　　　　（　　）

5. 在进行教学设计时总是从单元、主题的整体角度出发。　　（　　）

6. 能依据课标、教材、学生实际情况分析并制定教学目标。　（　　）

7. 能准确把握和表述知识与技能、过程与方法和情感态度价值观的三维目标。　　　　　　　　　　　　　　　　　　　　　　　　　（　　）

8. 在设计教学目标时非常重视其可操作性或可实现性。　　　（　　）

9. 对于同样的教学内容，在不同的班级讲授时，会对教学目标进行不同程度的修改。　　　　　　　　　　　　　　　　　　　　　　　（　　）

10. 能够分析学习者的学习态度、学习动机和学习风格。　　（　　）

11. 经常会查阅学生以前的学习成绩、学习档案，以便了解学生的学习情况与个体差异。　　　　　　　　　　　　　　　　　　　　　　（　　）

12. 会花很多精力在激发学生的数学学习动机和兴趣上。　　（　　）

13. 总是能根据具体的教学内容并结合学生实际进行情景设计。（　　　）

14. 对各个教学环节的时间分配有充分的考虑。　　　　　　　（　　　）

15. 能根据具体教学内容设计合理的教学活动。　　　　　　　（　　　）

16. 在教学中，会更多地让学生在探索及交流合作中理解和掌握知识技能。　　　　　　　　　　　　　　　　　　　　　　　　　（　　　）

选项（17~18题）

A. 把握教学内容在教材中所处的地位和作用

B. 对教学目标的确定和细化

C. 掌握教学知识的发生发展过程及蕴含的教学思想方法

D. 对学生学情的分析　　　　　　E. 教学重难点的分析与把握

F. 教学方法的选择　　　　　　　G. 问题情境的设计

H. 评价的方式和设计　　　　　　I. 板书的设计

J. 各环节的整体搭配

17. 你认为，在课堂教学设计中最重要的几个环节有（　　　）。（限选4个）

18. 你认为最困难的几个环节有（　　　）。（限选4个）

19. 你所理解的教学设计是指_____。

20. 你认为如何才能提高自己的教学设计能力？请简要回答。

答：_____。

（江阳区教研培训中心　李敏）

（4）结束语。

一般是一段短语，内容是向被调查者再次表示感谢，以及关于不要漏填与复核的请求。结束语要简洁，有的问卷可以省略。

3. 问卷调查的方式

问卷调查的方式分为线上和线下。线上指的是网络问卷调查，线下指的是纸质问卷调查。在教学技能提升培训专家诊断中，两种方式都采用，网络问卷调查多使用问卷星，便于数据统计分析。

4. 问卷调查分析

问卷调查的最后是要得到一定的结果或结论，需要进行调查分析。首先是要明确问卷调查的初衷，因为只有紧紧围绕问卷调查的目的进行，才能得到准确的结果。其次是依据调查结果，对每一项问题的回答情况进行统计，所得数据会直接反映出被调查人员的行为和心理状况，以及他们对问题的认知程度。再次是整理分析数据，这是最为重要的环节，因为分析数据会得到调查者想要的结果。最后是呈现数据，得到结果。如果使用分析软件，会省时省力，数据呈现也很美观。例如，对数学课程喜欢与不喜欢的问卷调查，统计如图2-5所示。

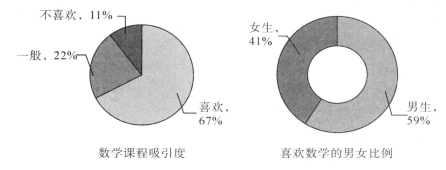

图2-5 对数学课程喜欢与不喜欢的问卷调查

（三）证据分析法

研训活动专家诊断中的证据分析法是指诊断专家依据数据分析得到结论的方法。通常有两种形式：整体分析教学质量情况和现场检测教学目标达成情况。

1. 整体分析教学质量情况

研训活动专家通过分析学校某次考试成绩，通过各种比对，找到该校的优势与劣势，再依据对教师和学生基本情况的了解，分析找到原因，提出对策。

案例2-15：江阳区某校2018年秋期末考试成绩分析（表2-10）

表2-10 江阳区某校2018年秋期末考试成绩分析

科目	班级	平均分	参考人数	及格率	优生率	学困率	三率一平	乡镇（18校）	上期排名
总分	一班	354.86	60	26.7	1.7	15	368.26	4	8
	二班	335.6	60	21.7	1.7	21.7	337.3		
	三班	366.52	65	40	1.5	16.9	391.12		
	区	339.87		27.1	1.6	8.9	359.67		

表2-10（续）

科目	班级	平均分	参考人数	及格率	优生率	学困率	三率一平	乡镇（18校）	上期排名
语文	一班	69.6	60	45	0	5	109.6	14	15
	二班	66.43	60	33.3	1.7	5	96.43		
	三班	74.48	65	69.2	1.5	4.6	140.58		
	区	74.49		65.3	1.2	1.6	139.39		
数学	一班	58.33	60	25	3.3	31.7	54.93	1	3
	二班	54.93	60	23.3	1.7	35	44.93		
	三班	64.28	65	38.5	6.2	21.5	87.48		
	区	54.55		28	4	27.1	59.45		
英语	一班	64.07	60	45	3.3	25	87.37	1	7
	二班	63.51	60	48.3	3.3	30	85.11		
	三班	66.18	65	46.2	6.2	23.1	95.48		
	区	55.34		26.34	5.04	24.44	62.28		
思品	一班	20.12	60	20	0	13.3	26.82	5	16
	二班	20.32	60	28.3	1.7	20	30.32		
	三班	21.11	65	30.8	0	16.9	35.01		
	区	19.98		23.12	1.6	4.45	40.25		
历史	一班	20.52	60	33.3	10	28.3	35.52	8	8
	二班	19.63	60	28.3	8.3	31.7	24.53		
	三班	20.54	65	36.9	9.2	30.8	35.84		
	区	20.06		33.6	7.9	16.4	45.16		
地理	一班	21.59	60	41.7	11.7	25	49.99	10	9
	二班	21.43	60	40	5	18.3	48.13		
	三班	22.33	65	47.7	6.2	20	56.23		
	区	22.01		46.62	9.31	12.3	65.64		
生物	一班	22.3	60	45	8.3	18.3	57.3	8	17
	二班	20.77	60	41.7	6.7	30	39.17		
	三班	22.18	65	46.2	7.7	20	56.08		
	区	21.44		42.2	9.3	11.6	61.34		

表2-10(续)

科目	班级	平均分	参考人数	及格率	优生率	学困率	三率一平	乡镇(18校)	上期排名
物理	一班	46.18	60	25	5	30	46.18	4	1
	二班	39.84	60	16.7	3.3	46.7	13.14		
	三班	43.84	65	16.9	3.1	29.2	34.64		
	区	40.08		21.09	5.04	32.66	33.55		
化学	一班	32.16	60	21.70	3.30	26.70	30.46	12	
	二班	28.75	60	25.00	1.70	46.70	8.75		
	三班	31.58	65	24.60	4.60	24.60	36.18		
	区	31.97		28.25	3.77	14.02	49.97		

本次考试为全区统考,全区统一阅卷,故本次考试成绩有较高可信度和参考价值。从整体上看,我校这届学生成绩比2018级相对差一些,处于乡镇第四名,处于全区中偏上水平,比四册进步4名。除物理、地理成绩有点小滑坡外,其余学科都有进步,特别是英语、数学成绩较突出,处于乡镇学校前列。同时,英语、思品、生物进步最明显,开了个好头。试卷(总分680分)的区平均分为388.32分,乡镇平均分339.87分,我校平均分352.69分,处于区中间水平(上届与区相差15.74分)。平均分最能反映总体成绩,因此这届学生大科头语文较弱,英语、数学、物理靠前,但与城区差距较大,导致整体优生较弱。全区共有学生7 634名学生(比上届多1 420名),全区前781名(往届泸高正取线成绩为557分)中,我校有1人,上届有7人。前1 226名(往届老窖天府正取线529.5分)中我校有4人,上届20人,1班沈凤燕,2班舒银浩,3班熊文彬、孙朝川,全区2 116名(外国语正取线474分),我校有16名,全区2 739名,我校有36人正取实验中学,与上届相比,差距比较大。同时,这届学生学困生相对较好一些,但数学、语文、化学、物理等学困生逐年增加,而且特差,不学的人又带动更多的人不学习,混日子的情况相当普遍,这大大影响班风、学风,也大大影响我校成绩,因为明年参加中考人数参考率要达到85%以上,力争除个别外都参加中考。为此,我们不能放弃这些学生。在这方面,希望班主任与科任教师共同努力,只要扭转班风、学风,我们就一定能把他们的成绩提高。

(江阳区方山学校　黄云良)

2. 现场检测教学目标达成情况

专家通过课堂观察后，要进一步了解课堂教学情况，可以采用现场检测的方法，就是出示相关试题让学生课后马上练习，以此来评价课堂教学。也可以口头检测，就是口头提几个针对性的问题来检测。

案例 2-16：初中化学现场检测教学目标的达成

送教团队听了一位化学教师上常见的金属材料这门课。这位老师没有教学过程，没有安排学生活动，也没有知识讲解，就只是读教材，让学生勾画概念及一些重要知识点。为了评价这位老师的课，教研员提了三个问题：金属铜能做导线是利用了金属的什么性质？形成合金的过程是物理变化还是化学变化？合金是纯净物还是混合物？随机抽测几名学生，基本回答不上来。几个简单问题就检测出本节课教学目标没有达成，从而诊断出这位教师的教学技能存在很大的问题：教材解读技能差、教学设计技能没有体现出来、教学实施技能差，缺乏教学评价技能。

（江阳区梓橦路学校　周敏）

第四节　诊断报告的撰写

一、概述

本书所说诊断报告是指各学科通过自我诊断、同伴诊断或专家诊断后，形成对教学四项技能的分析、判断，并提出建议的诊断性报告。诊断报告包括教师自我诊断报告和学科诊断报告。

二、诊断报告的结构

（一）标题

诊断报告的标题要简洁，用语要准确，要能反映出诊断报告的主题与内容。如研训活动中《农村初中历史课堂提问技能诊断报告》，主题是课堂提问，内容是课堂提问技能的诊断报告。

标题的具体写法有两种形式：

（1）规范化的标题。规范化的写法就是"主题"加"诊断报告"，基本格式为"关于××的诊断报告"或"××的诊断报告"，如《农村初中历史课堂提问技能诊断报告》。

（2）自由化的标题。比较常见的自由化标题有陈述式和正副题结合式。陈述式标题中一般可以不出现"报告"二字，直接揭示诊断报告的中心，十分简洁，如《信息技术与学科课堂教学急需深度融合》。正副题结合式为主标题+副标题，主标题提示诊断报告的中心，副标题表明诊断报告的事项和范围，如《科学设置问题，提高课堂提问的有效性——关于我区乡村小学语文教师课堂提问技能的诊断报告》。

（二）概述

概述属于前言，主要叙述为什么对这个主题进行诊断。其内容包括：诊断时间、地点、对象、范围及过程，还包括背景，即诊断对象的基本情况与历史背景等。当然，概述不可能面面俱到，可以根据诊断目的确定重点。

案例2-17：初中化学课堂观察诊断报告（概述）

在江阳区的教研培训活动方案中，把提高教师的各项教学技能作为本次培训的目标，让教师"会教""教好"，学生"会学""学好"。我们化学科在教研活动中，由关注教师的"教"转向关注学生的"学"，尤其是学生在课堂中的活动。为了找准问题，对症下药，提出培训对策与措施，在初中化学第一次的研训活动中，我们设计了学生活动课堂观察表，一共设计了六个方面的问题，每个问题设置了四个层次的选项，21名化学参培教师对两节诊断课进行观察，填写对应表格，然后经过课后研讨，综合分析，得出诊断结论，并且提出科学合理的教学建议。

（江阳区南城学校　颜小容）

（三）主要优点

优点的撰写必须有理有据，真实可靠。通过摆事实、讲道理，把感性判断上升为理性认识，从现象中发现规律，揭示出本质。

案例2-18：初中数学科同伴诊断报告优点分析

潘杰老师的基本功较扎实，有丰富的教学功底，表现在以下几个方面：学情把握好，所选题目切合教材要求和学生实际；教学目标设计符合课标理念，体现了四个方面的要求；课堂用语较为规范；课堂调控能力较强；教学流程较清晰；内容处理较为得当；能够很好地调动学生参与小组活动；学生学习任务完成好，能够较好地掌握本节课所学的内容和方法。

（江阳区教研培训中心　张惠芬）

（四）主要问题

通过诊断梳理出来的主要问题是诊断报告中的重要内容，也是诊断报告的价值所在：通过诊断，聚焦问题。在撰写时一定要对发现的问题进行归纳整理，提炼出有价值的问题进行分析。呈现的问题也要客观真实。

案例2-19：诊断报告的问题

课堂上没有让学生真正动起来。

我们通过课堂观察发现，学生活动流于形式。如老师提出小组讨论某一个问题后，并没有让学生开展小组讨论，而是马上就让学生回答。没有经过思维的碰撞，所得到的答案仅仅是学生个人的观点，正确与否就有待考量，不利于培养学生的思维能力。

（江阳区教研培训中心　邢扬）

（五）建议

诊断的目的在于聚焦问题，提出解决策略，生成培训主题。因此提出的建议都是针对前面梳理出来的问题的。

案例2-20：初中化学关于教学内容建构诊断报告的建议

1. 学习课程标准

学习课程标准，领会新课程的主要思想，领会课程标准的意图并搞清楚应该贯穿教学的新理念，才能较好地把握教学过程中的具体教学内容选择、目标要求和教学过程。学习课程标准应注意做到以下四点：

（1）学科知识：概念及表述必须与课标一致。

（2）学科能力：系统及培养符合课标的要求。

（3）学科方法：整合及优化切合课标规定的学科特质。

（4）学科思想：运用学科思想来观察、审视教学内容。

2. 通读教材

（1）既要了解教材的内容、编排体系，还要了解整个初中化学教材。了解初中化学教材的内容、编排体系（现在的教材编排呈螺旋式上升），甚至要了解高中至少高一化学必修教材，了解知识的衔接。

（2）做好教材分析，追问几个为什么。

①教材为什么要这样安排教学内容？

②本节内容涉及哪些基础知识？

③本节内容着眼的学科思想方法是什么？

④知识结构分几个层次？

⑤培养学生哪些能力？

⑥习题为什么这样编排？

⑦教学内容的教育价值是什么？

（江阳区教研培训中心　朱玉莲）

三、自我诊断报告案例

案例2-20：教师教学技能自我诊断报告

农村小学语文作文教学技能诊断报告

作为一名农村小学的语文教师，我深切感受到农村小学语文作文教学的苦恼：老师学生都在叫苦，学生苦在搜肠刮肚也无话可说，无文可写；老师苦在挖空心思而"无题可出"。作文教学也就不可避免地成了我的薄弱技能。在本次的教学技能提升培训活动中，按送教团队的要求，我设计并执教了部编版语文三年级下册作文《奇妙的想象》。后通过观摩优秀的示范课及聆听专家的讲座，对自己的作文教学技能进行了自我诊断。

一、主要优点

本堂课自我感觉思路清晰、有条理，教学流程环环相扣，层层深入，教学过程中所设计的游戏也比较贴近学生的生活实际，目标突出。

（一）巧妙导入，激发习作欲望

导入部分采用名人名言的形式，给学生想象的动力和信心。这种形式激发了学生学习的情感，使其产生强烈的学习兴趣与愿望，这就让同学们有了想写、愿意写的欲望。

（二）情境创设，发挥想象

在作文的情境创设中，我加入了游戏的环节——"手指变变变"，把它们变成自己想象中的事物。这一下子就极大地激发了同学们的兴趣，大家都争先恐后地举手，有了想说的欲望，这就为习作后面的环节打下了基础。

我在这一环节出示范文《一支铅笔的梦想》，先让同学们阅读范文后，口头续编故事，再让学生想象铅笔还有什么样的梦想。这个环节对处于作文刚起步的学生来说，使他们的写作变得有依可循，有据可依。让同学们沉浸在想象的世界中，并且让每一个学生都有了一次口说想象的机会，顾及到了所有的学生，同时也让同学们有了写作的方向，知道自己要写什么了，这也就解决了写作文时的一大难题了。同时也是让同学们先说后写，降低了难度。

二、主要问题

一堂好的、有效的习作课，应该要突破几个词：想写、写什么、怎么写。如果我们有了写的欲望，也知道了自己想要写什么，那么到底应该怎么写呢？这才是一堂习作课最应该突破的地方。我们农村学校的教师在指导怎么写这一环节上是薄弱的。

（一）情境使用流于形式

我们很多教师在进行教学设计之时都创设了非常好的情境，但是在使用时便会不自觉地流于形式了，并没有完全发挥它的效用。比如这一节诊断课，"老师的手指变变变"的情境部分，教师在使用的时候，就只是一晃而过，没有发挥出它在这里的实际效用。同样，我们在使用范文时，也没有完全发挥它的功效，更多的时候我们就是出示一篇范文，老师或者学生读，读了以后就让学生模仿着写。那么我们到底要从范文里模仿些什么呢？教师也没有给同学们分析，以至于同学们并没有掌握写作的技巧。我要怎么写呢？

（二）忽视了对学生的指导

在平时的作文教学中，我们可能更多地倾向于教师的教法，而忽视了学生的学法。作文教学大多数是"作文题目—范文引路—学生写作—老师批改—教师讲评"这样的旧的教学模式，由于老师指导不得法，限制了学生思维的发展，抑制了学生作文水平的提高。我们应该更多地倾向于学生学法的指导，指导他们如何去观察生活中的人和事，捕捉生活中精彩的瞬间，从生活中积累作文的素材。

（三）注重写，忽略说

以往的作文教学，注重的更多的是写，忽略了说。无话可说，又何来有话可写呢？所以，我们要遵循"从说到写"的原则。人们学习语言总是口语在先，书面在后，口头为语，书本成文。书面的形成要以口语为基础，话怎么说，文章就怎么写，故在起步作文的教学中，教师要充分利用课堂教学时间，有目的、有计划、有步骤地对学生强化说话练习，引导学生有顺序有重点地观察事物，培养学生的观察能力，并要求学生把他们平时看到的、听到的、想到的、印象深刻的、新鲜有趣的人和事用比较流畅的语言说出来，为写作文积累素材。

（四）评价单一

苏霍姆林斯基说过："请记住，成功是欢乐的一种巨大力量，它可以促进儿童学习的欲望。"在作文教学中评价是写好作文的有效途径。而我们往往忽略了这一点。事实证明只有将教师评价、学生自我评价、学生之间互评、家长评价和学生作品展示、交流结合起来，才能促进学生拥有持久的兴趣，使学生体验到写作的乐趣。

而在我们的真实课堂教学中，很多时候是只有教师评价的，一个老师往往一次就要评价几十篇作文，这对老师来说是非常大的工作量，很多时候老师就会走马观花一般把习作本评价完成，那么中间可能就会忽略很多优秀的内容，导致学生得不到赏识，慢慢地他们也就丧失了写作的兴趣。

三、改进措施

（一）指导学生积累相关素材

我的孩子们没有积累到相应的素材，那么他们拿什么来写呢，他们要表达什么呢？在之后的作文教学中，更应该做的就是指导孩子们怎样去观察生活，去积累生活中的人和事。

（二）指导学生说

在课堂上指导学生把自己看到的、听到的、想到的先用自己的话说出来，大声地表达了自己，做到有话可说，才能有话好写。

（三）做好科学评价

采用多元化的评价方式，将教师评价、学生自评、学生互评、家长评价和学生作品展示、交流结合起来，利用一定的评价量表，对学生的作文做出科学的评价，以此提高学生写作的积极性，最终提高学生的写作水平。

"活到老，学到老"，让我们做一个学习型的老师，在学习中成长，在学习中进步，在学习中不断提高自己。

（江阳区丹林小学　邹艳）

评析： 本报告是针对农村小学语文作文教学技能进行的自我诊断报告。该报告主题比较明确，行文规范，结构合理，对提高农村小学作文教学技能的提升有着一定的指导作用。

（1）报告中题目属于规范化的标题，简洁而准确，从标题就可以得知其主题是关于提升作文教学水平的自我诊断报告。

（2）诊断报告中的前言部分详尽地剖析了自己教学中的不足之处，指出了诊断的方式。

（3）引用了一定的理论分析优点和缺点。

（4）改进措施合理，具有可操作性，对提升作文写作能力有很好的指导作用：积累素材、训练学生说、评价激励等。

（5）该诊断报告的缺点在于缺乏一定的数据，对写作教学技能存在问题的分析还有所欠缺，没有上升到理论高度。

四、学科诊断报告案例

案例2-21：教师专项教学技能自我诊断报告

初中历史课堂提问技能诊断报告

在初中历史课堂中，关注全体学生，问题驱动教学，是众多技能中尤为关键的技能，同时也是我区历史教师比较薄弱的技能。在2019年4月18日举办的江阳区初中历史教学技能提升培训活动中，送教团队向参与听课诊断的教师和参与听课学习的学生发放课堂观察量表，对此次诊断课的课堂提问技能进行了诊断。

在此次蓝田中学张宏卫讲授"明朝的对外关系"一课后，我们共计收回了教师量表92份、学生量表40份。回收数量较多，数据真实可靠。

一、主要优点

（1）设问共计12次，问题设置较为丰富，涵盖了基础知识，如：郑和下西洋概况；同时注重能力培养，如：比较郑和下西洋和哥伦布发现美洲，培养学生对比分析问题的意识。且设问层层深入，有助于教与学的推进和延展。

（2）问题设置贴合初一年级学生年龄和心理特征，培养学生核心素养。如：郑和下西洋中"西洋"的地理位置在哪里？通过看图、识图、指图等形式，一方面易于学生直观理解和掌握"西洋"的地理概念，另一方面可培养学生的读图能力。

（3）设问紧扣课标和教学重难点，有助于教学目标的达成。如：关于郑和下西洋的影响，通过读教材，归纳整理，获取信息，从而达成课标要求和突出重难点。

（4）设问多以文字材料、图片、地图等形式加以辅助，有助于培养学生获取解读信息、描述和阐释历史现象、史论结合的能力，从而培养学生的学科核心素养。

二、主要问题

（1）设置的问题太多，重点问题不突出。

（2）问题设置较为简单，64.9%的问题为获取解读类问题，学生深入思考和探讨不够。

（3）抽问方式较为单一，85%的问题为全班回答，不能监督考察出个别学生学习的情况。

（4）在学生回答问题后，追问较少，部分追问深度不够。

三、建议

（1）设置问题去粗取精，突出重难点问题，同时在重难点问题上辅以必要的史料，预留充足的时间，引发学生充分的交流和讨论，形成自己的思考和见解，从而培养学生独立思考、归纳整理语言及表达自我的能力。

（2）丰富课堂形式和抽问方式，可以是对全班，可以是分组讨论，可以是分组针对不同的问题交流，还可以是辩论等形式，同时抽问时更多地考察到不同层级的学生。

（3）增加课堂提问的灵活性，对于学生较好的答案及时予以不同形式的肯定，同时对于答案有可延伸的地方，教师应追问。如：郑和下西洋最远到达非洲东海岸和红海沿岸，为什么能到达那么远的地方？这与哪些因素有关？从而将前后所学联系起来。

（4）关于人物介绍，教师可在课前发放的导学资料中对郑和及戚继光加以介绍，或让学生通过网络搜集人物相关资料，从而丰富学生对人物的了解，同时也有助于学生更深层地思考郑和下西洋和戚继光抗倭的背景和影响。

（5）注重课魂和立意，如本课可定位为"在友好与冲突中发展"，从而避免单纯地讲史实；同时联系古今，关联中外，联系世界近代史新航路开辟、今天中国的"一带一路"对外交往，扩展教学内容，让学生用开阔的视野看今天的历史，促未来的发展，做与时俱进的少年。

（泸州七中　吴孟霞）

评析：本案例是针对初中历史课堂教学中提问技能进行诊断的报告。该报告主题明确，结构合理，文字简洁规范，对初中历史课堂教学提问技能水平的提升有很好的促进作用。

（1）规范化的诊断报告标题简明扼要，直奔主题。从标题就可以得知其主题是关于提问技能的诊断报告。

（2）诊断报告中的概述部分全面而简洁，包含诊断的背景——提问技能是初中历史学科的薄弱技能，诊断时间、诊断对象、诊断工具等。

（3）优点分析到位，有阐述，有案例，有数据。

（4）缺点切中要害，明确指出课堂教学中提出的问题的缺点所在，为教学建议的提出做了很好的铺垫。

（5）建议详细具体，可操作性强。对课堂提问的重点、难点，提问的形式，提问的对象，提问的内容及追问都有陈述，而且可操作。

（6）该诊断报告的缺点在于问题部分过于简单，没有详细阐述，建议部分有的内容与提问技能无关。

第三章　示范教学的实施

"示范"一词在《现代汉语词典》(第7版)第1991页上有明确的解释:"做出某种可供大家学习的典范。""示范"是教学技能培训的第一环节,该环节中培训团队需要完成的一个重要任务就是"示范"培训。"示范"是培训团队围绕"教学技能",有目的、有计划、有组织地开展的活动。培训团队针对参培教师在"教学技能"中存在的问题,选取与之契合的课例,采取备课、上课、说课、资源展示等多种方式,由培训团队提供示范,并指导研修活动。每次活动主题鲜明,任务明确,以教师"会教、教好"为抓手,采取切实可行的措施,重点帮助参培教师提升师德水平和教学技能,引领参培教师由"传统课堂"走向"高效课堂"。

第一节　示范的目标

示范作为教学技能培训的第一环节,它是所有后续环节的基础。通过"示范"引领,参培教师可以通过观摩、聆听、互动等多种学习方式与培训、指导教师一起交流困惑、感悟与收获,精准查找自身存在的问题,将问题解决作为研修的目标任务,使培训真正落地,更具实效。

一、提供模仿学习的样板

示范首先要为参培教师提供模仿学习的样板,培训团队针对"四项技能",围绕培训目标,通过上课、说课、资源展示等方式为参培教师做示范。不仅提供行为示范,更重要的是还要提供理念示范。

(一)理念示范

"认识不深刻,思考必然肤浅;认识不系统,实践必然零散;认识不独特,行为必然平庸。"要想成为一名有思想的教师,必须有先进的教学理念。当前很多教学技能培训的示范仅停留在上"示范课"，无视教师缺失理性认识的盲目性，导致其只能被动地模仿行为，"行动背后的思索"丢失。长此下去，教师必然滋生出的消极、狭隘的心理与思维定式，缺失对教育应有的虔诚与反思、探索与创新。

理念示范就是培训团队把参培教师觉得虚无缥缈、高不可测的教学理念，变为看得见、摸得着的具体教学行为，让教师们明确怎样用这些理念指导教学，怎样在前沿理念的指导下观测教学，知道怎样上课，更知道为什么这样上课，在理念的引领下进行反思和自审。以下是小学数学团队潘老师和教师们交流的内容：

案例3-1：教学目标的设置

明确教学目标——以"平均数"教学目标的设置为例

刚接到让我上"平均数"示范课的任务时，我想到的是上过这个课题的人太多，我该从什么角度去挖掘这节课的内涵呢？每当我心中有疑惑时，我都会到书籍或名师的讲座中去寻找心中的答案。

我首先拿出课标，明确要求及定位，同时我也参阅了概念教学和统计学的相关理论知识，最后查阅华应龙、吴正宪等数学名师有关平均数的课堂实录。通过以上学习，我进一步地认识到，先进前沿的教学理念既是指引课堂方向的标尺，也是打造高效课堂的基础。

于是，带着这些理念，集"大家"之所长，我找到了体现平均数的八个方面：①平均数介于最小数和最大数之间。②个体数据与平均数之差的累积和为零。③平均数易受到平均数以外数据的影响。④平均数未必是数据中的一个值。⑤平均数可能是非整数且无实物可以对照。⑥计算平均数时，不可删除零值的数据。⑦平均数代表被平均的所有资料。⑧平均数容易受到数据中奇异值的影响。

我初步设想，我要在我的课堂种下这些感知：1个概念理解——平均数的意义；2个计算知识——移多补少，先合后分；2个学习方法——在想象中操作，在类比中迁移；2个学习态度——有意识地比较方法的优劣，有意识地分析数据意义。

我天天都在问自己："平均数有什么用？为什么要学？怎么用？能懂吗？会用吗？有影响吗？……"等问号都消失了，目标也清晰了。我不要做知识的"搬运工"，我想在课堂种一些种子，其中，一颗种子叫作学习的方法，一颗种子叫作学习的态度，一颗种子叫作追本逐源，一颗种子叫作学以致用、用以促学。

（江阳西路学校　潘薇蔚）

没有教育理念的教育行为是零散的。教育理念指导教学行为，影响教学方式的选择与运用，先进的教育理念指导教学行为的变革。从上面的案例中可以看到，在潘老师有了先进的教育理念指导后，课的设计思路和其他的"平均数"的课完全不同，更多的是让学生理解平均数的意义和特点，感受统计学的魅力。这样的高屋建瓴，让教学不再局限于知识和课本，而是更多地关注学生能力的发展和思维的训练，关注学生学科素养的提高。

教育理念是教学行为的起点，只有进行了充分的理论学习，才能有依有据地甄别正确先进的教学理念，并将其结合自己的实践经验，逐渐形成自己的教学理念，形成自己的教学特色和风格。

（二）行为示范

培训团队通过上示范课，让参培教师在真实教学场景中，现场观摩、亲身体会。示范课为参培教师展示了一个朴实、扎实的课堂教学样本，无论是教学内容的构建、教学设计，还是教学实施，教学评价等，全面展示给参培教师，这样有助于教师借鉴和学习，有些方法教师可以直接用在自己的教学中。通过这样接地气的、无花架子的教学形式，教师们感受到原来高效的课堂离乡镇教师并不遥远，自己也可以在没有先进的多媒体、没有高大上的课件、没有绚丽的课堂活动的背景下上出高效的课。示范课为教师们树立起一面镜子，使他们不断审视自己的日常教学，把在示范中学到的教学方法，直接运用于实践操作层面。

案例3-2：示范课片段
一年级道德与法治"大家一起来"教学片段

师：孩子们，刚刚我们了解了合作的好处，学习了合作的方法，你会合作吗？段老师想考验一下你们。下面，我们一起玩"荒岛逃生"的游戏吧。

（生欢呼。）

师：玩游戏要遵守游戏规则才能更有收获，会听也是会学的表现，所以在这个游戏中你们一定要注意听清楚游戏要求哦。

（多媒体出示游戏规则，教师口述。）

师：一张卡纸代表一座海岛，小组四人一起参与游戏。当老师说到"潮来了"的口令时，全体同学要迅速且安静地站到卡纸上，并坚持一分钟不掉落；当老师说到"潮退了"的口令时，大家要迅速且安静地回到座位坐好。不借助外力，小组内有一个人的脚站在卡纸之外即为掉落海里，也即意味着小组挑战失败。我说明白了吗？

师：孩子们，你们想自己或同伴落入海里吗？

生：（大声）不想！

师：好！给你们一分钟的时间商量对策。

（生小组内商量，讨论热烈。）

师：孩子们，时间到。潮来了！

（生快速在卡纸上站好，有的小组紧紧拥抱在一起，有的小朋友踮起脚后跟站在卡纸上。）

师：一分钟之后才会退潮，孩子们请坚持。

（观察每组孩子的表现，并拍照。）

师：孩子们，潮退了！

（生有序回到座位。）

师：想知道刚刚哪些小组顺利通过挑战了吗？我们一起来看看（略）。

师：1、3、4、7组的同学顺利通过了挑战，老师真为你们高兴。采访一下你们，说说是怎么做到的？

1组学生：我们小组最开始就商量由王晨溁同学观察我们的脚，然后我们全部抱在一起，脚下不动。

3组学生：我们也是紧紧抱在一起，中间欧阳嘉瑞快倒了，我们三个把她拉住了。

4组学生：我们发现这个小岛太小了，很难全部都站上去，所以我们商量让个子小的李思旖站在中间，我单脚站在上面，这样就不会有人掉进海里了。

师：孩子们，你们可真会合作！你们可以继续在海岛上冒险啦。

（小学思品培训团队成员　段婷婷）

片段点评：人类的一切真知始于实践活动。儿童的亲身活动有利于获得感性经验，从而实现其认知的内化，促成其认知、情感、行为的和谐发展。让他们在实践的过程中，获得丰富的关于客体的感性认知，进而引发强烈的自我道德需求，并上升为理论性的道德认知，内化为道德行为。本节课教师紧扣教学目标设计教学活动，让全体学生参与到活动中来，学生在活动中感受、体验、领悟与表达，课堂呈现"生生互动""师生互动"的热烈场景。

以上的教学片段没有精美的课件和教具，用一张卡纸设计了一个人人都可参与的游戏，让学生在游戏中体验到合作的重要性，培养学生的合作意识和精神。这样接地气的行为示范，让参培教师看到可借鉴、可模仿的真实课堂，从而让参培教师真正从内心接受这样的培训，真正实现教学技能提升培训落地。

二、帮助参培教师在对比中反思

培训团队通过理念和行为示范，采用现场上课、说课、资源展示的方式为示范，让参培教师看到同样的学生，同样的教学条件，不同的教学理念，不同的教学设计，不同的教学策略，产生的截然不同的教学效果，触动内心，引发思考。

（一）在理念示范中对比反思

很多地区都在开展"示范"活动，但往往只是迁就和满足了教师"立竿见影"的心理需求，为教师的机械模仿提供外在的"示范"，使参培教师自觉变革教育教学行为的"消极定势"与桎梏。很多人认为理念示范不易操作，不知如何示范。在理念示范时，可通过"物化"，把"物化"的思想理念，通过"行为与过程"这一载体，诠释和体现先进的教育理论，让理念示范具有外显、感性、直观、开放、动态的特性，引发教师的对比，在对比中反思，引领他们重新整合教育思想和理念，激发内趋力，变行为的被动接受为主动探究。

（二）在行为示范中对比反思

"示范课"对参培教师的影响是显而易见的。送培者为教师提供直观感性的借鉴，启迪教师潜在的教育智慧，激发他们探索、反思、变革的"原趋力"，主动变更自己的教育教学行为，从而提高教师的专业品质与能力，促进专业发展。

行为示范，让参培教师能现场观摩、直观感受，通过提供实用的教学策略，让他们能够借鉴并学以致用。正是这种相同条件下的示范，令人信服的差异比较，让参培教师开始重新思考课堂、思考教学，找寻示范者与自我课堂教学效果存在差距的原因，打开自己的教学思路，有利于教师更深入地理解教材，改变教学方式，形成教学风格，进而提高教学质量。

案例3-3：示范课片段——加减法之间的关系（利用线段图）

游戏1：编故事大比拼。

要求：我说算式，你编故事。

师出示算式：50+60＝110，110-60＝50。这些具有生活性的故事，轻松打开了第一道门。

第二个游戏是什么呢？

游戏2：谁是火眼金睛。

要求：我来说算式，你找相同点。

师出示算式：说说你有什么发现？

游戏3：点亮智慧星。

要求：我出线段图，你说发现。

师：你们能在这幅线段图上看出些什么吗？

师：对于加法，就是先知道什么？再去求什么？对于减法，正好相反，是先知道什么，再去求什么？

师：通过刚才的分析，同学们说说减法和加法有什么关系呢？

师：为了更好地理解减法是加法的逆运算，请大家看微视频学习。

片段点评：加减法的关系这一课时的内容难点是让学生真正理解减法是加法的逆运算，很多教师误认为学生一看就明，一听就懂，这是对本知识的一个最大的误区，怎样让学生理解减法是加法的逆运算呢？张老师通过"编故事大比拼""谁是火眼金睛""点亮智慧星"等活动，用画线段图等数形结合的方法，不仅让学生在活动中去体验，去感悟，去理解减法是加法的逆运算，突破了教学难点，而且也渗透了数形结合的数学思想。

案例3-4：诊断课——《加减法的关系》教学片段

加法与减法的关系

师：根据四（1）班男女学生人数、全班人数写出三个算式。

师：学生写出后，请个别同学进行汇报。

师：根据学生的汇报，让学生观察思考，体会减法是加法的逆运算。

片段点评：学生根据四（1）班男女生人数这一个例子写出三个算式后，教师让学生根据这三个算式思考并体会减法是加法的逆运算。试想，根据一个算式就能总结出结论吗？显然不行，在教学过程中，不仅要关注知识的习得，更关注方法的生成，关注学生对于数学规律的思考。

案例3-5：参培教师教学反思

对比反思

从这次教学技能提升培训活动中，我深深地体会到上好一节课并不容易，真正体会到"台上一分钟，台下十年功"。作为一名乡村数学教师，应该不断学习，提高自己的教学效率。那怎样提高自己的教学效率呢？

一是教师要研读课标，分析教材，明确教学的重难点。本次研究的课题"加减法的关系"的重点是加减法各个部分之间的关系，难点是体会减法是加法的逆运算。

二是教师精心设计导入环节，激发学生的学习兴趣。不管采用什么引入方式，必须做到目的明确、联系实际、简洁自然、控制时间。

三是关注学、练效果，关注学习方法的学与用。提倡把传统教学重教重学转变为学与习（练）并重。课堂教学中还要教给学生学习方法。要让学生自主学习、合作学习、探究性学习，让学生充分动口、动手、动身、动脑，让每个人都练习、都活动，实现知识人人过关、能力人人提升的目标。

四是在课堂教学中，巧用激励性评价机制。教师在课堂教学中采用激励性评价，可以让课堂气氛更加活跃，激发学生参与课堂教学的积极性，同时也能给课堂注入新的活力。

五是板书设计简洁明了，突出重难点。

六是练习设计精当，不搞题海战术。

教学技能提升培训给我提供了一个很大的学习平台。在以后的学习中，我将不断努力，积极学习别人的优秀教学经验，把每一次学到的知识、方法都付诸实践，由少到多地积累教学经验，做一名更优秀的数学教师。

这样的"示范"，在送培教师理念和行为的示范指导下，通过观摩、聆听、互动等，给参培教师提供了一个参照和比较，引发他们的自我审视和反思，产生智慧的碰撞，取长补短。通过对比和反思，进一步修正教学设计，使教学设计趋于完善，教学理念不断转变。

三、引导和促进参培教师观念与行为发生转变

通过理念和行为示范，参培教师在示范的引领带动下意识到：会学比学会更重要，学会思考比学会知识更重要。他们的教学观念和行为都发生了转变，由重知识传授向重学生发展转变，由重教师的"教"向重学生的"学"转变，由重结论向重过程转变，由统一规格的教育向差异性的教育转变。更

深刻地理解"每个学科对学生的发展价值，除了学科知识，要提供一种在学科学习中获得的经历和体验。""通过知识获得教育"而不是"为了知识的教育"，真正形成"学科学习的最终目的是形成高于学科知识的学科素养"的意识。

第二节 示范的内容

一、教学内容建构技能

教学内容的建构是教学设计的前提，是教学活动的基础，是教学过程的开始，教学内容的建构要以学科课程标准为依据。教材只是教师开展教学活动的工具，教师要根据学生的发展需要以及生活实际、认知基础、认知能力、认知规律和已有的经验，经过深思熟虑地筛选、整合和优化，形成对教学内容的整体建构。

案例3-6：教学内容建构技能示范课设计

川教版《中国历史》八年级下册第一学习主题——中华人民共和国的成立和巩固

教学目标（见图3-1）：

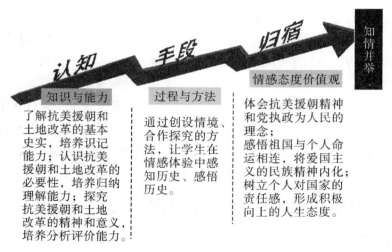

图3-1 教学目标

教学重难点（表3-1）：

表3-1　教学重点及难点

重点	难点
1. 抗美援朝精神和意义 2. 土改的意义	1. 中国出兵朝鲜的原因 2. 土改的目的

设计思路（图3-2）：

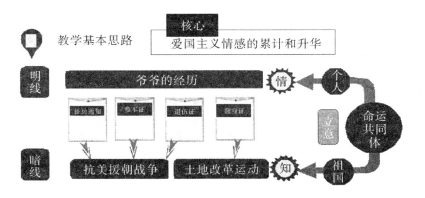

图3-2　设计思路

教学法（图3-3）：

> 情感教学法
>
> 情感引导——叙述法、谈话法
>
> 情感渲染——多媒体展示
>
> 情感体验——角色扮演
>
> 情感升华——合作探究

图3-3　教学法

（初中历史培训团队）

在建构教学内容时，要把对"教师如何教"的设计改变为"学生如何学"的设计，从学生的需要出发，从学生已有的经验和生活实践出发，重新建构教学背景，建构教学活动，建构学习方式，扩大学生的视野，培养学生的学科素养，学会思考，从而形成科学的世界观和方法论。

二、教学设计技能

教学设计是为了实现一定的教学目标，依据课程内容主题、学生特征和环境条件，运用教与学的原理，确定合适的教学起点与终点，将教学诸要素有序、优化地安排，形成教学方案的过程。通过教学设计，教师可以对教学活动的基本过程有整体的把握，根据教学情境的需要和教育对象的特点确定合理的教学目标、教学重难点，选择适当的教学方法、教学策略，采用有效的教学手段，创设良好的教学环境，实施可行的教学评价，保证教学活动的顺利进行。

案例3-7：九年级下册《关雎》教学设计片段

表3-2

课题	《关雎》教学设计		
课型	新授课	课时安排	1
教材分析及处理	《诗经》是我国现实主义诗歌的源头，《关雎》居"诗三百"之首。该诗歌写一个男子对一个女子思念、追求的过程，写他在现实中求之不得的痛苦和梦中求而得之的喜悦。反复诵读，运用联想和想象，能让学生感受古人的生活、思想和志趣，陶冶自己的情感，增强对中国传统文化的认识以及民族自豪感和自信心。运用勾连法、扩展法去感受诗歌重章叠句和赋比兴的艺术手法所表现出来的音韵和谐的语言特点		
教学目标	1. 了解《诗经》的基本知识及其在中国文学史上的地位。 2. 反复诵读，通过联想和想象描绘诗歌的意境美，体会诗中的思想感情。 3. 把握《诗经》赋、比、兴的艺术表现手法和章法的节奏特点，欣赏诗歌朴素优美、韵律和谐的语言特点		
教学重点	反复诵读，自主想象，用现代汉语描绘《关雎》的三个场景，感受古人的政治、经济、文化的特色所营造的意境美		
教学难点	把握《诗经》赋、比、兴的艺术表现手法和章法的节奏特点，欣赏诗歌朴素优美、韵律和谐的语言特点		
突破途径	教师提供对《关雎》第1小节的画面的描绘，绘出意境美。用范例法让学生的思维动起来，运用联想和想象走进中国诗歌的源头，去体悟感受古代的文化并通过诵读加以创造性地传承		

表3-2(续)

学习过程			
学习环节	学生活动	教师活动	设计意图
自主学习释疑解惑	1.再次全班齐读,请闭上眼睛联想和想象,眼前涌现出一幅幅怎样的画面? 学生依据教师示例进行想象,将自己想象的内容记录在作业本上。 小组分享想象的内容,全班分享。生、师生共同评价(评价标准:抓住意象;符合诗歌内容)	教师举例:关关雎鸠,在河之洲。窈窕淑女,君子好逑。微风轻轻地吹着,清澈的河水,碧绿的蓝天,温暖的阳光洒在河边绿绿的小洲上,一对美丽的雎鸠鸟在洲上嬉戏玩耍,关关地叫着,情意绵绵。如此美丽的环境里,一位男子正痴痴地看着在小洲上善良美好的女子,于是怦然心动,这样的女子才是自己的好配偶啊!我一定要追求她	古诗离学生较远,拉近与学生距离的最好方法是:引导学生想象。用学生的思维去学习,找到最近发展区,链接古今,从而加深对内容的理解。小组互学,使学生进一步完善自己的思维,体会语言表达的多样性
	生答:淑女、君子 生依据文本小组讨论淑女和君子的标准:(窈窕、美丽、文静)请大家找出描写女子的动词。(勤劳)可见,古代对好配偶的要求(文静、美好、善良、勤劳) 接下来我们说君子,君子在其他地方有什么含义?在本文中呢?请在本文中找出描写君子的词语:寤寐、辗转、钟鼓、琴瑟、友、乐。引导学生理解"琴瑟""钟鼓",弹琴鼓瑟,敲钟打鼓;名词活用作动词:友、乐,形容词意动用法"以之为友,使之快乐"	你读出文中哪些人物? 依据课本上的信息,你认为什么样的女子才称得上淑女,才称得上好配偶呢? "男子追求女子于古相同,但求而不得,君子是怎么做的呢?可以看出君子应具备哪些品格?" 那男孩子们,这给予你们什么启示呢?这采用了怎样的写法? 女孩子,你们呢?请同学们再次回到描写女子的三个动词,三个动词给你什么样的启示呢?	对学生择偶观的引导:通过对古人择偶标准的分析,联系现代社会中普遍的择偶观,培养学生的思辨思维,潜移默化地让学生树立正确的价值观

(白马学校　潘云平)

　　通过教学设计,教师可以整体把握教学过程,依据教学情境的需要和学生的特点确定合理的教学目标,选择适当的突破途径、教学方法、教学策略,采用有效的教学手段,创设良好的教学环境,实施可行的评价方案,从而保证教学活动的顺利进行。通过教学设计,教师还可以有效地掌握学生学习的初始状态和学习后的状态，从而及时调整教学策略、方法，采取必要的教学措施，为下一阶段的教学实施奠定良好基础。好的教学设计可以为教学实施提供科学的行动纲领，让教师在教学实施中事半功倍，取得良好的教学效果。

三、教学实施技能

教学实施是示范环节的重要内容。教学实施是实现教学目标的中心阶段，教学实施的质量很大程度上决定了教学质量。教学实施是一种目的性和意识性都很强的活动，通过教学实施，学生能够掌握知识、习得技能、发展能力，形成相应学科的态度和品质。教学实施将在教学设计中确定的教学重难点、教学策略、教学手段等转化为实践，体现教师的教学理念以及教学理念转化为具体教学实践的能力。

案例3-8：《三位数除以一位数的口算》教学设计片段

一、自主学习，实践探究

师：很多同学都能计算出正确的结果了，你们是通过什么方法计算出来的呢？请同学们借助学具或之前所学知识，把你的想法通过动手或动口的形式表达出来。请看自学指导（教师出示自学指导）：

［自学指导］

自学内容：教材P49例1。

自学方法：

1. 动动手。可以利用学具摆一摆、画一画。

2. 动动脑。想一想可以利用以前学过的哪些知识进行计算。

3. 动动口。把你的想法与同桌交流一下。

自学时间：3分钟。

生：按自学指导自学，并完成例1的计算。

师：（巡视指导，做到心中有数，以便展示由易到难、由具体到抽象）

二、合作探究，理解算理

生：汇报展示

方法一：转化思想，因为 $60 \div 2 = 30$，所以 $600 \div 2 = 300$。

方法二：想乘算除，因为 $300 \times 2 = 600$，所以 $600 \div 2 = 300$。

方法三：数的组成，600蒙住2个零0，也就是 $6 \div 2 = 3$，再在后面加上2个0，就是300。

师：把 600 蒙住 2 个 0 是什么意思呢？你们理解吗？

生：（有的学生陷入了疑惑，有的同学心里清楚，但不会表达……）

师：请同学们利用学具把你的算法摆一摆。

生 1：计数器拨一拨

生 2：数小棒分一分

生 3：画图法画一画

……

师：同学们请看，刚才大家说不清、道不明的这个方法，我们可以用计数器、小棒或是画图等方法来表示，是吗？也就是刚才蒙住 2 个零的方法，其实就是把 600 看作 6 个百，6 个百除以 2 得 3 个百，3 个百就是 300，所以 $600 \div 2 = 300$。

（梓橦路学校　严传莉）

片段点评：本节课的计算教学是数学教学中的一个薄弱知识点，很多参培教师对于计算教学无方法可言，也有数学老师只重视学生对算法的掌握而忽略算理的理解。计算教学必须在学生理解算理的基础上掌握算法。分析以上三种计算方法，由乘做除、利用旧知识解决新问题对学生来说不是难事。而第三种方法从算理上来说学生不易理解，从算法上来说它是一种之后会常用的方法，也是必须掌握的方法。学生可通过自主学习，掌握一些适合自己思维的计算方法。而第三种口算方法是通法通则的计算方法，怎样让学生掌握呢？教师适时引导，尊重学生的认知规律，问：把 600 蒙住 2 个 0 是什么意思呢？你们理解吗？当学生对这个问题无法解答时，适时让学生合作探究，利用学具摆一摆、画一画，把抽象思维变得直观化、可视化，在操作中理解蒙住 2 个 0 的数学本质，从而真正理解算理。

教学实施的示范就是让参培教师能现场观摩、直观感受，提供实用的教学策略，让他们能够借鉴学习，并学以致用。通过培训团队教师的具体行为示范，让参培教师看到可借鉴、可模仿的真实课堂与教学行为，让他们真正从内心接受这样的培训，使教学技能提升培训落地。

四、教学评价技能

教学评价具有促进学生发展和教师专业成长的双重功能，最终使得课堂教学更高效。教学评价，是指按照一定的价值标准和教育目标，利用测量和非测量的种种方法系统地收集资料信息，对学生的发展变化及其影响学生发展变化的各种要素进行价值分析和判断；对教师的专业成长总结经验，促进教师改进教学实践，在教学实践中逐渐形成自己的教学风格。教学评价技能包括学生评价、教师评价和课堂评价。

学生评价是教学评价的核心，是指在一定教育价值观指导下，根据一定的标准，掌握多元评价方法，多视角、全过程地评价学生发展，运用现代教育评价的一系列方法和技术，对学生的思想品德、学业成绩、身心素质、情感态度的发展过程和状况进行价值判断的活动。

教师评价是对教师教学内容构建、教学设计以及教学实施等方面进行的评价活动，对教师在课堂组织能力、调控能力、教学机制以及教师素养等方面进行客观定性和定量的评价。

课堂评价是对在课堂教学实施过程中出现的客体对象所进行的评价活动，其评价范围包括教与学两个方面。课堂评价是促进学生成长、教师专业发展和提高教学质量的重要手段。

教学评价可以让教师们碰撞出智慧火花，发现与众不同的观点以及教学中的成功之处，反思教学中的疏漏失误和困惑，及时调整教学计划方案，记录对教学设计的新思考和新构想，促进自身的专业成长，努力向教学艺术的殿堂迈进。

五、课堂建模

教学技能提升培训活动不仅是让教师掌握四项技能，更重要的是把四项技能运用到课堂教学中，把理论转变为实践。要使教学技能落实，须有法可循，有模可学，这就需要建立一个可借鉴模仿的课堂教学模式。

课堂教学模式基于众多教育思想、源于无数典型示例，从中抽象、概括而来的各种类型教学活动的结构要素的组合方式及设计、实施的运行方式，是一种较为稳定、成熟而有效的教学活动结构框架和活动程序。作为结构框架，彰显了对教学活动整体和要素之间内部关系和功能的宏观把握；作为活动程序，则突出了教学活动过程的有序性和可操作性。

乔以斯和威尔认为，教学模式是构成课程、课业、教材选择以及教学活动的一种范型，是一种客观存在。"教学有法，教无定法，贵在得法；无法之法，乃为至法。"教学模式亦然。教学一定有规范，当教师在认识规范、追寻规范的同时，根据不同学科、不同课型、不同层次的学生需要，遵循一定的规律，才可以做到教无定法。最后，根据教师对模式的认识、创新、运用，达到贵在得法的境界。图 3-4 是江阳区初中英语学科在"自导式"为大背景构建的课堂教学模式。

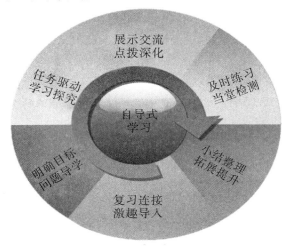

图 3-4 课堂教学模式

教学模式具有教育中介作用，能为各科教学提供具有理论支撑的模型范式和教学法体系，使教师摆脱只凭经验和感觉，在实践中从头做起、盲目摸索的状况，搭起一套理论与实践之间的桥梁。它通过简明扼要的象征性符号、图式和关系的解释，使得教学理论具体化、操作化，同时使得教学实践理论化、有效化，促进教师转变观念，提升教学能力。图 3-5 为"3-4-5"中学英语课堂教学模式。

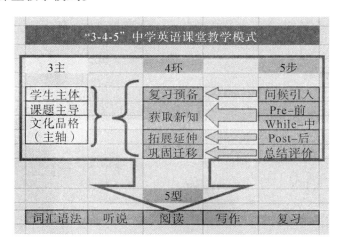

图 3-5 "3-4-5"中学英语课堂教学模式

六、资源库建设

随着信息技术教育的不断推广和发展，教育信息化已是促进教育快速发展的有效途径。本土化的教学资源库，主要来源于全区教师自行研发的教学资源，具有"江阳特色"，有网络上其他资源库无法替代的作用。因此，本次教学技能提升培训的最后一个内容就是建设一个形式规范、内容丰富、开放包容的学科教学资源库。

充分调动参培教师积极参与学科教学资源库建设。一方面，有经验的教师们在历年的工作中，积累了大量的教学素材，但这些零散资源的再次利用和合作利用率很低。资源库建设，可以把教师们累积的教学经验以教学设计和课件的形式纳入资源库，不但有利于教师们学习借鉴，也有利于长久、安全地保存这些资料。另一方面，很多青年教师对课标认识不够，对教材解读不深入，可借鉴现成的教学资源结合实际加工后用于教学，让他们少走弯路，促进全区教育均衡发展。

第三节　示范的方式

一、示范原则

（一）围绕培训核心原则

每次的示范课，都必须围绕当次培训的技能进行设计。因此，每次示范课的侧重点不同，设计上也会有所偏重。示范课通过有针对性的示范，让参培教师有层次、有针对性地把技能一个个夯实，提升素质，提高教学质量。

（二）理论与实践融合原则

在"示范"环节，教研员和送培团队通过专题讲座，结合示范课例阐释教学技能的相关理论与方法，让参培教师更容易理解和掌握。

（三）载体"三有"原则

"三有"即有备课、有试讲、有反思。在培训团队进行培训时，对示范课教师提出了明确要求，必须在示范课前备课，根据试讲的情况，反复多次修订教学设计，力求做到以四大技能为核心，以教研员讲座为支撑并具有示范性的课堂，在示范课结束后，必须按以上原则进行反思。以"三有"为保障，充分发挥示范课的引领、借鉴的作用。

（四）示范"三实"原则

"三实"即真实、朴实、扎实。真实，即要求教师不和学生见面，不提前让学生学习；朴实，既不需要花哨的活动，也不需要精美的课件和学具；扎实，即通过让学生真正参与学习的过程，积累活动经验，培养学科素养。通过"三实"示范课堂，让教师看到真实、可以借鉴、模仿的课堂。

二、上课和说课

（一）上课

示范课是示范环节最重要的内容。通过前期的课堂诊断和培训团队的交流访谈，参培教师认识到自己教学存在问题。怎样解决这些问题呢？我们的培训团队是本土教学名师，他们熟悉本土教育现状，多为当地参培教师所熟知，与参培教师的心理距离较近，参培教师对他们有一定的认同度，可以避免参培教师产生"这些都是全国知名专家，我们学不到他们的本事"的消极认知。通过示范课，参培教师现场观摩，直观感受，体会实用的教学策略，直观地学习教学技能，有效地学以致用，尝试改进自身教学的不足。本土教学名师每一次的示范课根据培训技能的不同，侧重点也有所不同。如在培训教学建构技能时，主要呈现示范教师在教学内容建构上的策略和理念。

案例3-9：七年级"分式方程"教学内容建构

"分式方程"（图3-6）是人教版八年级上册的内容。这是一节传统的教学内容，就知识本身而言，在各个版本的教材中都没有变化。重点内容是掌握可化为一元一次方程的分式方程的解法；难点是了解解分式方程可能产生增根的原因，渗透转化的数学思想；关键是将分式方程转化为整式方程。但就课程的功能来看，已发生了深刻的变化。因为不同的理念、不同的培养目标、不同的教材结构、不同的教师、不同的学生，必然会对教学内容有不同的建构。不同的教学内容建构必然也会产生不同的教学效果。

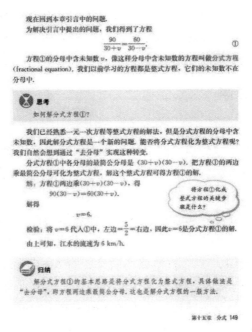

图3-6 "分式方程"教学内容示例

在本节课中，很多教师会建构一个普遍而广泛的教学方式——重讲轻学。示范课就要打破这种千篇一律的教学方式。示范课教师根据四川省教科院关于"自导式"教学理论及江阳区乡镇初中数学"问题串"教学设计与应用成果（该成果荣获泸州市第三届课堂教学改革优秀成果一等奖），结合学生已有的知识基础和认知规律，对教学内容进行了重新建构，建构了"问题导学，探究互动"式的教学方式，突出建构了五个精准内容：精准设计学案，组织成果交流——精准指导问题探究，组织互动体验——精准设计分层练习，组织分类指导——精准引导学后反思，组织总结提升——精准布置分层作业，组织自主选择。

（江阳区教研培训中心 张惠芬）

从上面的教学内容建构来看，教师在教学的各个环节都充分关注学生：预习环节充分考虑学生的知识经验，探究环节考虑学生的认知规律，通过有效的问题串循序渐进地引导学生探究解分式方程的思想、步骤。在突破难点环节采取先让学生尝试，发现问题后组织小组讨论、交流，教师再以微课和动画等信息技术手段帮助学生了解解分式方程可能产生增根的原因和检验的优化方法。在练习环节重视夯实基础和关键步骤，不急于求成，从最开始的将分式方程转化为整式方程的练习到完整地用一般步骤解分式方程的练习，请学生根据自己的实际情况自主选择练习题，符合学生学习的层次性和差异性。在小结环节培养学生学后反思的良好习惯，从知识、思想方法等方面进行归纳总结。在作业环节，分层作业、减轻负担的做法值得提倡。在微课辅助突破难点教学环节时间过多，效果不是很理想，建议设计问题串引领学生思考，在师生互动探究中突破难点更为自然和有效。

（二）说课

如果说上课是为参培教师进行行为示范，而说课则是将行为和理念相结合，以行为为载体呈现上课教师的理念，培训团队结合所上示范课进行教学理念、教学设计的阐释，分析课堂教学中的学科原理、教育理念、教学理念。只有把道理结合实践讲清楚，把原理讲明白，才能让参培教师明白，才能真正落实教学理念对教学活动的指向作用。

案例3-10：《遗嘱与狗》说课片段

循疑而学，提升精读效能

——小学四年级自选文《遗嘱与狗》"提问"策略说课稿

一、教学背景

基于学生思维发展基本规律，帮助学生系统感受"提问"的方法和价值。具体教学中，借助情节跌宕、内涵丰富的文本《遗嘱与狗》，通过抓住"题目""情节"和"人物特点"等展开一系列提问实践，引导学生真实经历提问策略支撑下的阅读理解全过程，分享读、思、悟、议语用之乐，借此掌握一定的提问方法，为学生自主探究阅读奠定良好基础。

二、说教材

《遗嘱与狗》是四年级下册《新语文读本》中的一篇课文。课文主要讲的是史密森先生刚刚过世，后辈们在争夺遗产，最后仆人的女儿玛丽因为领养了狗而获得了遗产。故事赞扬了玛丽的善良，批判了众人的"贪婪"。这篇课文处处充满"悬念"，故事情节"一波三折"，故事结尾出乎意料却又在情理之中。读着此文，处处产生疑问，因此，本文适合进行"提问策略"的教学。

三、说学生

四年级下册的学生由于有了近四年的学习，基本能读懂课文大意，基于文本内容不懂之处能提出自己的问题，但是"从不同角度提出值得思考的问题"等还需要老师的引导。

四、说目标

基于以上教材和学情分析，结合《新课程标准》，我把本课的教学目标定位于以下两个方面：

（1）借助提问帮助文本理解，体验提问的价值。

（2）理解故事内容，感受人物形象的鲜明特点。

五、说教法学法

为了达成以上教学目标，我将采用自主、合作、探究的学习方式，以小组学习和大班展示相结合组织学习活动。

（城西实验小学　刘列平）

示范环节通过送培教师说课的方式，让参培教师学习说课的内容、方式，在今后的教学实践中尝试依托说课开展教研活动。说课一般包括"说教材""说教学""说学情""说学法""说教学设计"等几部分。其中教学设计包括教学目标、教学重难点、教学准备、教学流程等。

三、资源展示

在教学技能提升培训中，除了对参培教师进行示范引领，还要对相关辅助教学的资源进行展示，让参培教师看到可用、可借鉴的资源，减少寻找教学资源的时间，将更多精力投入教学设计、实施与延伸活动中去。

（一）在互动研讨中展示

在互动研讨过程中，示范者根据研讨内容，为参培教师展示相关教育论坛、教学素材、教育课件、教案、考试试卷、各学科教学网址和教育类书刊等；为参培教师现场展示怎样利用希沃白板中的学科软件制作课中，怎样利用投屏技能获取学生上课第一手资源等。

（二）在课堂示范中展示

随着信息技能的发展，更多先进的教学手段也运用到教学中。各学科都有难以讲清、难以理解的知识。在课中可充分利用现代化信息技术与资源，如利用微课进行难点突破，用多媒体把抽象问题直观化、形象化等，促使学习难度降低，促进学生主动学习，有效加强学生与教师之间的相互交流互动，提高教学效率。

第四章　研课的实施

本章所述的研课（讲座），主要是通过互动式专题讲座的方式，以优化课堂教学为载体，引导教师对如何提升教学技能、优化课堂进行的学习、研究。它包括以解决问题为导向的引导性专题讲座、任务驱动的专题学习和聚焦主题的互动研讨等。其中教研团队主导的、围绕"四项技能""课堂建模"和"学科资源库建设及优化"的专题讲座尤为突出，其针对性强、专业性高、质量好、培训效果显著，是阐述的主体内容。

第一节　研课的目标

研课（讲座）由学科组为单位的教研团队讲授，根据培训目标，依托专题讲座、主题研究性学习和互动研讨，让参培教师与自身原有认知、习惯操作等方面发生冲突，以四项教学基本技能的提升为核心，启发引领参培教师重新构建，获得新认知、新方法并应用于日常教学，促进学校办学水平、教育教学质量提升，缩小区域教育教学质量差距。

一、明确研课的四项技能要求

立足区域教育的实际，围绕学生"会学、学好"的终极目标，以教师"会教、教好"为抓手，采取切实可行的措施，引导和帮助参培教师提高师德水平，更新教育教学观念，增强学习与工作的积极性，利用讲座培训提升"教学内容建构、教学设计、教学实施、教学评价与诊断"四项技能，提升专业水平和教育教学质量。

（一）教学内容建构技能的具体要求

教学内容建构技能的具体要求包括：

（1）正确、规范地预设、呈现适合该班学生水平的学习目标，课堂有新的学习目标生成且处理恰当。

（2）理解所教学科的知识体系、基本思想与方法。

（3）掌握所教学科内容的基本知识、基本原理与技巧。

（4）教学内容紧扣教学目标，选择、组织和阐述处于或稍高于学生目前水平。

（5）开发课程资源，通过增、删、换、合、生灵活处理教材。

（6）教学内容凸显学科特点、思想、核心技能以及逻辑关系。

（7）容量适合该班学生，较好地满足不同学生的需求。

（8）课堂中生成了新的学习内容并恰当地运用。

（9）教学内容的呈现顺序、时机、载体、方式恰当。

（10）向学生推荐、提供的课外学习内容恰当。

（二）教学设计技能的具体要求

教学设计技能的具体要求有：

（1）科学设计教学目标和教学计划。

（2）围绕教学目标合理利用教学资源和方法设计教学过程。

（3）教学环节构成完整，逻辑关系合理，流程清晰，时间分配恰当。

（4）促进学生学习的活动与载体恰当。

（5）讲解、动作、板书、媒体辅助与教学目标、内容和学生的特点相适应。

（6）话题、问题、练习、载体设置的类型、结构、认知难度与教学目标、内容和学生的特点相适应。

（7）学生自主、合作、探究学习的内容、时机、方式恰当。

（8）根据教学实际合理地调整教学设计。

（9）对自学生或情景的突发事件有处理预案。

（10）教学设计的结构、表现方式等有特色，引导和帮助中学生设计个性化的学习计划。

（三）教学实施技能的具体要求

教学实施技能的具体要求有：

（1）营造良好的学习环境、情境与氛围，激发与保护学生的学习兴趣，师生情感和谐，学生积极参与学习。

（2）围绕教学目标达成，通过启发式、探究式、讨论式、参与式等多种方式，有效实施教学。

（3）教学环节构成完整，逻辑关系合理，流程清晰，时间分配恰当。

（4）引发学生独立思考、主动探究和学习创新，促进学生自主、合作、探究学习的内容、活动与载体。

（5）根据实际有效调控教学过程、调整教学设计，处理偶发事件得当，善于利用不同认识、意见等课堂生成资源展开教学。

（6）讲解、动作、板书、媒体辅助与教学目标、内容和学生特点相适应。

（7）关注全体学生，问题驱动教学，话题、问题、练习处理得当。

（8）学生自主、合作、探究学习的内容、时机、方式恰当。

（9）有效指导学法，训育学生的学习习惯。

（10）有比较明显的个性化特点。

（四）教学评价技能的具体要求

教学评价技能的具体要求有：

（1）利用评价工具，掌握多元评价方法，多视角、全过程评价学生发展。

（2）引导学生进行自我评价。

（3）采取恰当的方式获取教与学的过程评价信息、检测学习目标达成情况。

（4）正确评价学生课前准备和课外学习情况。

（5）正确评价学生自主学习情况。

（6）正确评价学生倾听、表达、合作、展示等参与学习的情况。

（7）通过观察和证据，正确评价学生任务完成情况。

（8）通过恰当的证据和反馈方式，正确评价学生学习目标达成情况。

（9）正确评价学生的学习方法与习惯。

（10）正确处理获得的评价信息，调整和改进教育教学行为。

二、规范性地实施四项技能研课讲座

常态化的研课讲座，是有主题、有步骤、分阶段进行的。每一次的教研讲座都要围绕四项技能中的一项展开。可以是邀请各级外聘专家，也可以是由本土专家、优秀教师和教研员主讲。通过专题讲座和参培教师的互动研讨，教师们真正领会教学技能的本质要求，特别是掌握四项技能关键点的实操方法与步骤，让参培老师在下一步的备课和上课中，有章可循。既有理论支撑，又有实操范例。对于新入职的教师，可以模仿借鉴，直接运用。

三、针对性地解决教学中存在的问题

经过调研诊断，当前江阳区教学中主要存在以下三类问题：

（一）教师越位，以教代学

主体错位、以教定学，教师过于主动地教，学生无奈地被动学。

（1）重教轻学，视讲完教完教学内容为教学任务的完成。①缺乏目标意识，教学任务是"讲完"教学内容。②课堂成了教师的"独唱专场"，讲自己想讲的、能讲的而不是学生需要的。③对学生强输死灌，"负责"地占据学生的课外时间。④剥夺学生主动学习的权利。

（2）学生被动学习，信息单向传输。

（3）以教代学，以为教了学生就能学会。

（4）师忙生闲，师生活动的时空比例不妥。

（5）恶性循环，学生学习兴趣不断下降。

（二）教师缺位，导学无效，应有的作用发挥不到位

（1）研读课标、挖掘教学资源、建构教学内容不到位。

（2）关注、研究、分析、了解学生不到位。

（3）教学设计不到位。

（4）教学实施不到位，缺乏对学习活动的有效引导、指导和帮助。

（5）学法指导与学生习惯养成训育不到位。

（6）与学生的情感沟通和信息交流不到位，对学生评价激励不到位。

（7）现代教育技术手段应用不到位。

（8）课堂监控、驾驭不到位。

（9）师德修养不到位。

（10）综合素养与能力不足。

（三）课堂活动的组织与实施不当

（1）课前准备草率。凭经验与直觉，师德修养不足。

（2）课堂活动随意。缺乏目标意识、资源意识。

（3）课堂结构不当。流程不合理，节点不明确。

（4）自主学习"自流"。

（5）合作重形轻质。

（6）课堂练习低效。

（7）激趣目的漂移。

（8）问题质量低劣。

（9）问答形式机械。

（10）评价激励不当。

专题讲座、任务驱动的专题学习和聚焦主题的互动研讨，针对这些问题，进行指导示范，传递新理念，传输新方法，逐步逐条地教会老师，以达到其可以依照运用、独立操作、内化为新的好习惯。

案例4-1：初中数学提问技能培训提纲

我们在对乡镇学校初中数学课堂教学的调研中发现，提问技能是教师实施技能中最为薄弱的环节，结合泸州市教学成果一等奖的课题"乡镇学校初中数学课堂'问题串'教学设计与应用"的研究成果，初中数学团队在教学技能提升培训送教中开展课堂问题串教学的讲座培训。（节选）

探究新知环节：

探究新知设计"问题串"的要领有如下四点：一是"问题串"的设计要由易到难，特别注意问题顺序；二是设计的"问题串"要凸显探索新知的本质内容，不能有过多的干扰因素；三是"问题串"的设计要注意解决方法的指导；四是"问题串"的设计要注意升华新知的学习策略或深化新知的应用。

在第一个案例中，课题组研究调查过，七年级下期教材第91页的"8.2 消元—解二元一次方程组"的课堂引入编写"我们发现，二元一次方程组 $\begin{cases} x + y = 10 \\ 2x + y = 16 \end{cases}$ 中第一个方程 $x + y = 10$ 可以写成 $y = 10 - x$，由于两个方程中的 y 都表示负的场数，所以，我们把第二个方程 $2x + y = 16$ 中的 y 换为 $10 - x$，这个方程就化为一元一次方程 $2x + (10 - x) = 16$，解这个方程，得 $x = 6$，把 $x = 6$ 代入 $y = 10 - x$，得 $y = 4$，从而得到这个方程组的解……"对于乡镇初中学生而言是很难懂的，但如果我们把这个引入用"问题串"设计为：

（1）你能写出下列两个方程组的解吗？

① $\begin{cases} 2x + y = 16 \\ x = 6 \end{cases}$ ，② $\begin{cases} 2x + y = 16 \\ y = 4 \end{cases}$

（2）你会解下列两个二元一次方程组吗？

① $\begin{cases} 2x + y = 16 \\ x = 10 - y \end{cases}$ ，② $\begin{cases} 2x + y = 16 \\ y = 10 - x \end{cases}$

（3）解二元一次方程组 $\begin{cases} 2x + y = 16 \\ x + y = 10 \end{cases}$

我们的设计意图是让学生能根据自己的认知迅速地写出（1）中的两个二元一次方程组的解集，并且能在教师的简单引导下，发现（2）中的两个二元一次方程组的解法类同（1）中的两个方程组的解法，从而得出利用"消元"把二元一次方程组转化为一元一次方程的结论和方法，之后，教师可以让学生比较（2）中的两个二元一次方程组与（3）中的方程组的特点，归纳出先由 $x + y = 16$ 得出 $x = 16 - y$ 或 $y = 16 - x$，即可转化为（2）中的两个二元一次方程组。

以上设计由易到难，特别注意了问题顺序，凸显探索新知的本质内容，非常注意解题方法的指导，也注重了升华新知的学习策略或深化新知的应用。

实践证明，这个设计在多数乡镇学校初中数课堂教学中的效果非常好，而且按照这样的思路，参与课题研究的教师们举一反三地应用于其他相关章节的教学设计与应用上，较好地提高了学生学习数学的积极性和兴趣。事实上，在期中或期末的学习评价检测成绩也表明这种设计与应用较好地提高了课堂效益。

（江阳区教研培训中心　王晓兰）

四、增强学习意识，养成习惯

以解决问题为导向的引导性专题讲座、任务驱动的专题学习和聚焦主题的互动研讨，打开了培训者和参培者的思想对话，让双方在研讨中不断成长、不断进步。

讲座的开展需要培训者不断地汲取前沿的学术成果，并牢牢结合我们的教学技能培训重点，展开高效培训，让参培者在体验式、互动式培训中完成对四大技能的现场研修，并能逐步熟练掌握，灵活运用。同时也让参培教师在讲座中学习，在研讨中学习。知不足，而努力学，双方在这种双边活动中增强学习意识，形成良好的学习习惯。

第二节　研课的实施内容

一、专题讲座

以专题讲座为主要内容的研课，是由指导专家、培训者围绕教学基本技能，通过多种方式组织的具有针对性的专题讲座、专项训练。每次教研活动都包含两个现场专题讲座。讲座的主题紧扣每次培训活动的具体技能和课堂这个主阵地，每次研课（专题培训）的时间控制在 2 小时内，有具体案例支撑且有参训老师的互动与生成。培训者需提前拟定讲座提纲、课件及讲座脚本并交予学科负责人审核，以确保研课性专题讲座的高质量和较强的实用性。

（一）教学内容建构技能

教学内容的建构是课堂有品质的第一个关键步骤。在这个环节中对教学内容的定位和选择至关重要。教研团队的讲座就是要给老师们讲清楚如何定位、为什么要这样定位、定位后的内容选择、为什么选为什么不选、内容选择的量和度、延学内容的推荐等。

案例4-2：教学内容建构专题讲座提纲

教学内容建构技能

——以"清朝前期经济的发展"中古画的选择为例

历史学科蕴藏着厚重而丰富的内涵，承载着立德树人的功能。现行的部编版初中历史教材涉及古今中外众多信息，在中外古代史课堂教学中部分适时引入一些古画，将久远的历史以画作的形式直观、生动地展现在学生眼前，以期通过"引生入境"，达到"窥图学史"的作用。

17 世纪捷克著名教育家夸美纽斯曾在其著作《大教学论》中将"直观性"作为教学原则，并按照直观教学原则编写了一本带有近 200 幅插图的教科书《世界图解》，以期通过逼真而生动的图画，引人入胜，激发读者兴趣，使其对所学内容印象深刻。

对于初一和初二学生，适时地运用古画，的确有助于学生直观了解历史，分析历史，把握藏在古画背后的更为细腻且丰富的历史。以部编版七年级下册"清朝前期经济的发展"一课为例，浅谈古画在初中历史教学中的选择和运用。

　　"清朝前期经济的发展"一课是部编版初中历史七年级下册第三单元《明清时期：统一多民族国家的巩固与发展》中的学习内容。本课内容比较多，且经济史相对于初一年级的学生来说较难以理解，课堂很容易陷入教师一讲到底、学生沉闷听讲的状态。

　　故在教学内容中精选两幅古画——《胤禛耕织图》和《盛世滋生图》，使学生通过观察画卷，研读有关古画的相关史料，并不断层层突破问题，引发学生自然而然地得出结论，从而突破难点农业和商业。

　　运用多媒体呈现《胤禛耕织图》（收刈页），并辅以有关该图的相关介绍："《胤禛耕织图》是雍正登基以前以康熙年间刻版印制的《耕织图》为蓝本，由清宫廷画师精心绘制而成，共有图46幅，每幅画上都有雍正的亲笔题诗。本幅描绘的是麦田中农夫装扮的胤禛（雍亲王）正带领众人收割，将劳动者辛勤耕作的场景描绘得十分生动。"

　　认真观看古画中的人物情态，并阅读雍正亲自题诗，将学生置于学习的主体地位，教师充分引导学生学会看画，学会用语言"绘"画，从而解读出画中包含的历史信息。

　　让学生在画中学历史，充分尊重了学生的学情，充分调动了学生的学习兴趣，增强了学生的积极性，同时培养了学生论从史出的史学能力。历史生生不息，卷轴代代相传；一幅古画，一段历史。

（泸州市第七中学校　吴孟霞）

（二）教学设计技能

　　教学设计是为了实现一定的教学目标，依据课程内容、学生特征和环境条件，运用教与学的原理，为学生策划学习资源和学习活动的过程。教学设计是在现代教育理论指导下，为了促进学生学习和发展而设计的解决教与学问题的一套系统化程序。教学设计是教学实施高效的前置保障，它对教师的思维要求很高，同时也是教师提高自身内功的一个核心环节，更是教师自主成长的具体和必经路径。针对教学设计技能的具体化专题讲座，是帮助教师提高教学设计技能的有效方法，多由教研员及专家主讲。

案例4-3：小学道德与法治学科教学设计的技能讲座提纲

一、当前存在的三种教学过程结构设计

（一）"天女散花式"的教学设计

特点：教学不讲逻辑。

问题：乱而无序，学生没有兴趣，花开几朵，各表一枝。

（二）"爬梯式"的教学设计

特点：一个环节一个核心任务，任务间梯度大，各环节之间缺乏相互渗透。

不足：对学生来说挑战太大，学习内容的丰富性差。

（三）"摊大饼式"的教学设计

特点：围绕一个教学目标，平面练习，缺乏梯度。

问题：学习容易疲劳，形式看似多样，实际学习简单重复。

我的主张："螺旋上升式"的教学设计。

特点：横向拓展，纵向递进。

优点：既块状丰富地处理每个知识点，又能纵向提升学习能力。

接下来，我们一起来探讨教学设计需要综合考虑哪些因素。

二、教学设计需要综合考虑的因素

教学设计需要考虑的因素很多，但基本要素有三个：文本、学生和教学环节。文本是教与学的基本对象，必须扎扎实实落实；学生是学习的主体，他们的学习状态、学习心理以及原有经验都会对学习产生影响；教学环节是将教育理念变为可以触摸的教学现象和可以操作的教学行为的中介桥梁。

鉴于此，我们就一起来探讨探讨教学设计的一些基本的技能？

三、教学设计的基本技能

（一）设计教学目标的技能

根据课程标准、教材的要求和学生的实际，教学目标按照低年级和中高年级来设定如下：

（1）低年级的教学目标的设计：中华人民共和国教育部制定的义务教育《品德与生活课程标准》（2011年版）。

（2）中高年级的教学目标的设计：中华人民共和国教育部制定的义务教育《品德与社会课程标准》（2011年版）。

（3）低中高年级的教学目标的设计：2016年6月，《青少年法治教育大纲》颁布。"在青少年法治大纲里，对小学、初中的法治教育内容，做了重新梳理，增加了许多相关内容，主要体现在像宪法、民法、刑法、程序法等这样一些法律、法规，在新版统编教材里有很多体现和要求。"

（二）设计教学手段的技能

（1）为什么要使用直观教学、动手操作和信息技术教学手段？

（2）突破教学中难点，实现原有的教学手段难以达到甚至达不到的效果。

（3）激发学习兴趣。

（4）开发并向学生提供丰富的学习资源。

（5）该用才用（不剥夺学生抽象思维的机会）。

（6）教师还应注重课堂教学的板书设计。

（三）设计教学情境的技能

教学情境的设计贴近学生生活，与教学内容密切相关，从学生的生活中来。

（1）利用认知冲突创设问题情境。

（2）借助故事创设问题情境。

（3）借助游戏创设问题情境。

（4）结合实践活动创设问题情境。

（5）联系生活实际创设问题情境。

（四）设计自主学习活动的技能

课前：设计好学生的自主预活动。

课中设计自主学习活动：

（1）围绕教学重难点选择好自主学习的知识点。

（2）提出自学建议或要求（含学法建议）。

（3）给足学生自学的时间与空间。

课后：设计好学生的自主延伸活动。

（五）设计合作学习活动的技能

（1）什么样的教学内容需要合作学习？

（2）合作学习前需要自主学习吗？

（3）合作学习小组需要分工合作吗？

（4）要提出合作学习的建议或要求。

（六）设计探究学习活动的技能

（1）营造探究氛围。

（2）选好探究内容。

（3）明确探究目标。

（4）提出探究建议或要求（含探究方法）。

（5）组织群体互动，提倡合作探究。

（6）留足探究的时间与空间。

（7）及时激励评价，体验探索乐趣。

（七）设计展示交流、互动研讨活动的技能

（1）什么样的学习需要展示？

（2）展示交流的方式有哪些？

（3）如何设计展示交流中的课堂生成？

（4）如何设计展示交流中的启发引导？

（八）设计归纳整理活动的技能

（1）设计归纳整理的主体（个人、同桌、小班）。

（2）设计归纳整理的建议或要求。

（3）设计归纳整理的展示交流活动。

（江阳区教研培训中心　李思泽）

（三）教学实施技能

教学实施技能是四大技能中课堂外显性方面最突出的技能，也是教师们在专业学习和专业培训中时间占比最多的技能。在教学诊断中，内容的建构和教学的设计、教学的评价等都需要通过教学设施进行变现。教学实施技能的提高是教师从理想理念到实际实操的必经之路，是课堂生成与发展的推动器。教学实施技能培训的讲座，要小切口、深探究、多课例、精总结。通过同课同构、同课异构、异课同构等课堂实践，我们来推敲和理解教学实施技能的要脉，促进教师对实施技能的熟练把握。专家通过经验性讲座分享，达成参培教师及时模仿学习，内化运用，以期走向随心所欲、风格突出。

案例4-4：初中英语阅读理解课堂教学实施策略专题讲座提纲

一、此次主题培训的价值与意义

著名教育家于漪说过"教师要一辈子着力于自己的专业成长与精神成长，和学生一起发展，教师要永远面向未来"。

我们一起来了解下教育部2018年就英语学科核心素养提出的四个核心素养：语言能力、文化意识、思维品质、学习能力。较之前提出的三维目标——知识目标、能力目标、情感态度价值观，英语学科的核心素养的提出在三维目标的基础上增加了文化意识和思维品质的要求。我们可以理解英语学科的核心素养＝语言知识＋语言技能＋思维＋文化＋学习能力、综合学生的认知情感和价值观等元素。核心素养的培养方法处于多方探索阶段，教师们积极探索有效的教与学方式，促进培养目标的落实。阅读教学是帮助学生提高语言能力、培养文化意识、提升思维品质、形成学习能力的重要途径。

二、全区初中英语阅读教学现状

通过调研发现，全区参培教师关于阅读理解课型的教学理念相对比较滞后，还停留在找语法、找题眼、找句型句式，好一点的老师带着学生回答几个"WH"问题，完成教材上的内容就算完成了当天课的任务；阅读课中教师过度重视表层意义的讲解，用大量的时间讲解语言知识，忽视了引导学生积极建构意义、锻炼思维的过程；老师们在词汇的处理上，强调意义用法的学习，而对于词汇在具体语境中的作业挖掘不足，浅层化学习的现象比较突出。

三、深层阅读与词义

（一）深层阅读

深层阅读是读者与文本的互动，是在理解文本内容之后进行思考、分析、质疑、评论等思维活动的过程，是读者以某种方式解读文本、品味文本、实现自我意义建构、达到一定程度和水平的阅读。

深层阅读是有高度、有深度、有温度的阅读方式，要跳出文本，多元解读文本，深入思考作者的意图，提出质疑，并表达自己的观点。深层阅读是感知和体味文本蕴含的情感、态度、精神，实现与作者的心灵对话。意义、批判、鉴赏可以看成深层阅读的三个方面。

（二）深层阅读与词义

语言是思维的工具，词汇是语言的基本单位，词义指向思维。词义既是言语现象，也是思维现象。词义是一种言语思维现象。一个词只有在一定的上下文语境中，才能真正地体现它的意义。阅读中准确把握和理解词义，不仅是理解文本信息所必需的，更是理解篇章的深层意义所要求的。把词义作为深层阅读的突破口，指导学生进行标题解读、线索梳理、意义概括、词义欣赏、观点评价等思维活动，可以有效提高学生的深层阅读能力。

四、阅读课堂教学实施策略

阅读是一个复杂的心理和智力活动，是不断假设、证实、想象、推理的积极、能动的认知过程。它不只是简单的识别单词、看懂句子的低层次理解，还涉及对文章内容的分析、综合、评价等深层次的理解。要实现对阅读文本的深层理解，词汇是关键。词汇能力包括词汇的语音、拼写、意义、用法的能力以及在特定语篇语境中正确理解词义的能力。

纵观当代中外专家学者提出的阅读策略如下：

（1）1968 年 Barret 提出：①理解字面意义；②能对材料要旨进行重新

组织；③推理能力；④评价；⑤欣赏。

（2）1984 年 Davis 提出：①识别词义；②推理；③识别作者的写作技巧、写作意图和写作风格；④寻找有关答案。

（3）2018 年刘道义教授就阅读理解从理解表层意义到领悟深层含意的理解提出七种技能：①掌握基本事实的技能；②获取中心思想的技能；③进行推测判断的技能；④了解时空顺序的技能；⑤读懂图示图表的技能；⑥了解作者语气心绪的技能；⑦评价文章的技能。

五、细品阅读理解教学课例分析教学实施技能

接下来请老师们一起观看两节课：一节是泸南中学代皓月老师在 2017 年 11 月 13 日区青优课 Book 8 上 Unit 5 Section B 3a-3c 课例赏析。还有一节是梓橦路学校宋晓霞老师 2018 年 3 月盐源教研 Book 7 下 Unit 7 Section B2a-2c 课例赏析。

结合词义与深层阅读渗透在两节课的各个环节中展开了积极的讨论。

（江阳区教研培训中心 李青梅）

（四）教学评价技能

通过调研诊断，我们发现教学评价技能是教师最薄弱的环节。长期以来教学评价技能并不被教师重视或运用，有的教师整节课基本没有评价。在这个部分的培训时，专题讲座对理念的解读、渗透，以及评价带来的教与学的体验感、教学技能目标性、持续性内驱力的塑造显得尤为珍贵。教学评价技能专题讲座，侧重于对评价方法的介绍和评价技能使用的情况对课堂生长的影响力。

案例 4-5：语文课堂教学评价技能讲座提纲

当前课堂评价存在以下问题：①重知识目标，轻其他目标；②重共性，轻个体差异；③重教师，轻同级评价；④重结果，轻过程评价。

要改变这样的现状，我认为必须提高语文教师课堂教学的评价技能。对此，有四大原则、四类方法、四种路径。

一、四大原则

（一）及时准确

把训练落到实处，及时反馈，评价语要让学生听得明白，看得清楚。

（二）尊重差异

尊重学生看似很容易做到，可有时候我们会遇到学习能力弱、个性和老师差异大、突然发难等挑战老师耐心的学生，要尊重就不那么容易了。

曾看到一场师生之间的冲突：课堂上老师请几个学生在黑板上做题，老师发现宇宇又出错了，大声训斥了他，请潘潘给他讲解。宇宇没有听进去，还做出不懂状。老师更火了，劈头盖脸给他一顿大骂：你看人家潘潘都能弄懂，你还好意思了？这下宇宇急了，他一边昂着头对抗着老师，一边哆嗦着嚷嚷：我就是不懂，我就是差，怎么了？老师气得摔门而去，宇宇呢，呆坐在位置上一言不发。其实这个老师是一个特别爱孩子的好老师，宇宇也特别爱老师，可能就因为当时老师评价的态度不对，没有充分尊重这个孩子的个性，才导致了这样的情形发生。

（三）激励发展

教学评价是鼓励师生、促进教学的手段，因此教学评价应着眼于学生的学习进步和动态发展。比如对同一个问题，学生反复出现错误的时候，老师可以用这样富有激励性的语言给予希望"你今天回去好好琢磨，还没有弄明白再问老师，我明天请你给全部同学讲解"。听到这样的话，学生一定会想尽办法把这点知识学懂学透。

（四）有效指导

去年10月，非常有幸在四川师大一中听了王保兵老师执教的《列夫·托尔斯泰》。

王老师评全班男生的朗读："我对全班男生的朗读都非常不满意，该强调的地方没有强调，该重读的地方没有重读，没有用好重音和停顿这两张朗读的王牌。现在你们听我示范，示范完了以后你们再读。"同学们倾听完以后，第二遍朗读果然好了很多，王老师也竖起了大拇指。

二、四类方法

（一）评价目标多元化

语文课程标准有最权威的解释：突出语文课程评价的整体性和综合性，要从知识与能力、过程与方法、情感态度与价值观几方面进行评价，以全面考查学生的语文素养。因此，评价目标的多元化至关重要。

（二）评价内容多元化

从这四个方面进行评价才能更全面：学生学习态度的评价、学生课堂表现的评价、学生完成作业的评价和学习成绩的评价。这些内容的评价可以用定性评价与定量评价相结合的方法。

（三）评价方式多元化

1. 教师评价与学生评价相结合

（1）教师评价。教师是评价的主体，教师的评价方式就得有多样性：

①从多个角度来评价。

②用不同的标准评价。不同的学生对于老师评价的需求和期待是有差异的。所以教师评价适宜采用不同的评价标准。成绩优异的孩子，我们要多评他独特的思维，而成绩一般的孩子只要多评他的态度、表现、过程等。比如对学生的作文进行评分，因为作者语文能力不同，对两篇质量有差异的文章同样可以评90分。平时测试中，同一个班级用两套甚至三套难易程度不同的试题都是很好的方法。

③依据学生的情绪评价。比如，看到学生脸上流露出疑问的神色，可以询问学生：你有问题对吗？或者这样的语言"你听得好专注"，学生们听到老师这样评价自己一定会听得更专心。

（2）学生自评。

老师若能引导学生自我评价，学生会从中学会自我反思，学会找到自信。李镇西老师作文评讲三部曲堪称引导学生自评的典范：自己评价作文就完成这三个问题——对这篇作文我最满意的地方是什么？我最不满意的地方是什么？哪些地方还需要修改？假以时日，学生的自评能力就能得到提升。

（3）学生互评。

引导学生互相评价，有利于培养学生认真倾听的习惯和模仿老师给别人做评价的能力。

2. 评价个人与评价集体相结合

评价集体就是要强调对小组的评价中要落到实处，可以从分工合理、领导得当、成果优异等方面进行具体的评价。

3. 口头评价与书面评价相结合

4. 积极推进过程性评价

比如整理成长档案袋、制作课外阅读知识卡片、朗读录音带等。

（四）评价语言多元化

"教育的艺术很大程度上就是语言的艺术。"语文老师真诚、准确、丰富的评价语就是给学生学习语言最好的模仿。此外，调动无声的语言常常能收到出人意料的效果。老师和学生距离相近的站位、一个肯定的眼神、一个亲切的微笑，这些都能起到此时无声胜有声的效果。

三、四种路径

提升语文老师课堂评价能力，还可从以下路径着手：

（1）必须有爱。心中有爱，言语有情。

（2）读很多书。多读"无用的"书才能说出有用的话。

（3）观很多课。观别人的课，学习借鉴。观自己的课，品味反思。

（4）做点反思。

教师的工作就是这般神奇，你不知道你会在什么时间什么地点种下一颗种子，这颗种子会在谁的心里生根、发芽。我们的评价更应该格外有情，才能呵护这些种子茁壮成长。

（泸州市江阳西路学校 许忠莲）

（五）四项教学技能综合运用专题讲座

四项基本的教学技能不是孤立存在的，它们之间互交互融，彼此推动，成就高品质课堂。在四项技能分类培训后，培养参培教师综合运用四项技能。

讲座的前置作业：选定一个课题，自己依照四大技能实施；分小组进行四大技能的逐一讨论，形成第一次课堂脚本；全班交流讨论，形成第二次课堂脚本；每位教师按此次讨论脚本进行课堂执教并反馈执教得失；指导教师引领再次讨论，形成第三次脚本；每位教师再次进行课堂实践与反馈；再请三位小组代表进行现场呈现。最后选定一名代表教师举办讲座，复盘总结。

案例 4-6：亲情之爱——让家更美好

一、课标分析

"让家更美好"是人教版七上第三单元第七课第三框的内容，也是本课最后一目内容。对应的课标部分是"我与他人和集体"中的"交往与沟通"。第七课对应课标内容是："体会父母为抚养自己付出的辛劳，孝敬父母和长辈。学会与父母平等沟通，调适'逆反'心理。增强与家人共创共享家庭美德的意识和能力。"而第三框对应的课标是"增强与家人共创共享家庭美德的意识和能力"。

二、教学内容分析

第三框"让家更美好"是在第一框"家的味道"和第二框"爱在家人间"体味亲情、学会孝亲敬长学会沟通和学会沟通、呵护亲情的基础上，引导学生通过对传统家庭与现代家庭的比较，认识到现代家庭的特点，进而引导学生认同"家和万事兴"的观念，树立共建共享家庭美德的意识，提升共建共享家庭美德的能力，共创和谐美德之家。

三、学情分析

初中学生由于生理、心理的变化以及学业和生活的压力，不能体谅、理解父母的苦衷，家庭责任意识比较淡薄，较少关心父母和家人，对与家人共同营造温馨的家庭氛围、共建共享家庭美德缺乏责任意识。提高学生的家庭责任感和共建共享家庭美德的能力是初中学生健康成长的必修课。

四、教学目标

【情感态度与价值观目标】

增强学生在家庭生活中的责任担当，以积极的心态面对家庭存在的问题，与家人共建共享家庭美德，让和谐家庭拱卫和谐社会，感受家国情怀的熏陶。

【能力目标】

引导学生立足现状、直面矛盾、破解难题，在现实生活中做好家庭的"黏合剂"，学会创建和谐家庭的一些方法和技能，促进代际交流互动，建设和谐家庭。

【知识目标】

了解家庭结构的演化和现代家庭的特点，探寻家庭矛盾和冲突的主要原因，懂得协调家庭成员关系的方法和技巧。

五、教学重点、难点

教学重点：引导学生体会家和万事兴，学会承担家庭责任，为家庭和谐出力。

教学难点：如何做好家庭生活的"黏合剂"，掌握创建和谐家庭的方法和技巧。

六、教学方法

本课从时代到家庭，再到家庭内部问题的探究，最后从家庭升华到国家，培育家国情怀。

坚持信息技术与课堂教学的深度融合，基于情境案例，依托问题驱动，实施活动型学科课程的教学，运用综合性教学形式，注重辨析引导，强化积极价值引领，创设"真情境"、探究"真问题"、确保"真学习"、显露"真性情"、找寻"真答案"、培育"真品质"。

七、教学过程复盘（表4-1）

表4-1　教学过程复盘

教学环节	课堂活动	设计意图
课前准备	播放歌曲视频《让爱住我家》	暖场，感受家的熏陶
课堂导入	播放学生家庭合影照片（配乐小视频） 摘取部分家庭合影照，请学生分享照片背后的故事	开发校本资源，通过熟悉的照片和温馨的旋律使学生感受家的温馨(约3分钟)
环节一 [第一篇章] 享时代发展 话家庭变迁 是什么 ↓ 现状呈现	【逻辑线索】"是什么"——社会发展带给家庭的变迁 图片对比：通过几组照片的对比呈现，学生可以理解随着时代的发展，当代家庭发生的变迁和呈现的特点。 学生观察、体验、感悟，教师结合图片引导追问，派生相关结论：家庭结构小型化，沟通方式多样化，家庭氛围越来越民主、平等	从时代到家庭： 在图片对比中提炼家庭在家庭结构、互动方式、家庭氛围等方面的变化，感受时代带给家庭的变化。 通过活动，培育学生观察、提炼、分析问题的能力（约5分钟）
环节二 [第二篇章] 担成长之责 促家庭和谐 为什么 ↓ 归因分析 怎么办 ↓ 路径探析	【逻辑线索】"为什么"——引发家庭矛盾冲突的原因 课前准备：收集学生最想解决的家庭成员之间发生的矛盾或冲突。 收集整理：遴选具有代表性的问题进行讨论交流。 课堂操作：呈现问题，在尊重学生家庭隐私的前提下，引导学生分析解剖出现问题的原因，现场调研学生在直面曾经的家庭矛盾冲突时的表现	家庭内部问题探究： 呈现学生家庭发生的真实矛盾冲突，强化学生的代入感，确保课堂的真实，并在尊重学生隐私前提下，引导学生自我认知、自我评价。 以案论道，培育学生认识问题、分析问题和解决问题的能力（约12分钟）
	【逻辑线索】"怎么办①"——在化解家庭矛盾冲突中"我"可以做些什么？ 围绕案例，采用探究、追问的技术，引导孩子们学会应对矛盾冲突的核心措施——"沟通"的重要性，充当小小"黏合剂"，化解家庭矛盾、促进家庭和谐。 课后延伸：教师留下联系方式，同同学们交流化解家庭矛盾的建议	

表4-1（续）

教学环节	课堂活动	设计意图
环节三 [第三篇章] 润家风美德 育家国情怀 怎么办 ↓ 路径探析	【逻辑线索】"怎么办②"——如何"让家更美好"？ 活动一："家庭美德卡" 制作参考：展示教师的家庭美德卡。 制作展示：课前学生与家长一起试制作并在课堂上交流展示自己制作的家庭美德卡。 （提供格式参考） 【小结】"让家更美好"路径一：共育家风美德。 活动二："聆听彼此的心跳" 1.播放视频《孝》 教师感情渲染，学生聆听感悟。 2.部分家长视频播放，表达心声并寄语 3."爱的表达"现场互动 引导学生真诚、大声地表达自己对家人的爱：爱要大声说出来。 【小结】"让家更美好"路径二：营造良好氛围。 活动三，拓展延伸："投身美好家庭建设的行动" 践行孝道，让家更美好，我们在行动： 爱要勇敢做出来（爱的行动）：①学生编制孝敬父母的行动计划；②回家与父母一起编制孝敬爷爷奶奶外公外婆的行动计划。 课堂分享交流。 【小结】"让家更美好"路径三：投身孝心行动	从家庭到国家： 树立共建共享家庭美德的意识，提升共建共享家庭美德的能力，共创和谐美德之家。 通过线上线下家庭成员的"沟通"，感受"沟通"在良好家庭氛围营造中的重要性。 让学生在生活实践中践行"孝亲敬长"的中华传统美德，体验孝亲敬长的亲情之乐 （约18分钟）
课堂结语	从"小家"到"大家"，培育家国情怀	课堂升华：从小家到班级、学校、到国家，培养学生集体责任感和爱国主义情感 （约2分钟）

八、教研员陈洪平老师总结

于思政课堂，用八个字概括它的价值——"明理入心，立德铸魂"。思政课是"最与时俱进"的德育课程。改革开放以来，思政课教材名称发生了多次变化。当前，义务教育阶段思政课教材全国统一为人教版《道德与法治》。这一课程，是新时代国家落实"立德树人"、落实"依法治国"的关键课程。"立德树人，上好思政课就是要让学生在课上课下真正动起来，用新时代中国特色社会主义思想铸魂育人。"为此，思政课教师必须要有强烈的立德树人意识、课标意识、课程意识，必须要有按照"三贴近"（贴近学生、贴近生活、贴近实际）原则，将国家课程校本化的能力，进而才能让思政课堂呈现"真情景、真问题、真学习、真性情、真答案、真品质"的"六个真"的新景象。

本堂课通过四大技能的科学运用，以三个篇章让学生感受家庭变迁、担起家庭之责、增强家国情怀，层层推进，颇有创意，让育人有深度、影响有广度、专业有高度。

然而，要上好思政课，成为一名优秀的思政教师，还需要具备"六个要"，即"政治要强、情怀要深、思维要新、视野要广、自律要严、人格要正"。这正是习近平总书记对思政教师提出的六个要求。对此，我们还有很长的路要走。

我们将铭记习总书记的教诲，加强学习培训，努力锻造一支可信可敬可靠、乐为敢为有为的思政教师队伍。我们将不忘立德树人之初心，潜下心来，种好责任田，守好一段渠，做好引路人，为培养时代新人做出我们的贡献。

（泸州市梓橦路学校　黄文彬）

二、资料收集

英国著名的课程论专家斯腾浩斯提出"教师即研究者"的观点，在我们的实践中得到了印证。我们的资源库就在这样一个长期坚持与合作的研究过程中变得越来越丰富，越来越有质量。

通过汇总统计，我们年度常态教研活动中学科讲座达100多次，且每个讲座在理念升华、技术优化、模板美化、质量精华方面反复打磨，反复研究，让提供的资源达到丰富性和实用性，为区域教育教学建构一个有高度、有宽度、有深度的优质动态研究平台。

三、成果推广

围绕四项教学基本技能形成序列化的讲座资源，按学科分装成册且电子化，由培训者和参培教师带到每一所参培学校。这套资源对教学技能的实操提供了工具，提供了具体路径，提供了理论支撑。让老师们在遇到困惑时，可以随时重温，随时实践，随时对标修改。在专家讲座、主题学习和互动研究性学习成果的帮助下，老师们逐步学会如何组织高效优质的研课，让课堂的双主体实现交融，得到真正的提高。

第五章　磨课的实施

东汉思想家王充在《论衡·量知篇》中写道："骨曰切，象曰磋，玉曰琢，石曰磨；切磋琢磨，乃成宝器。人之学问知能成就，犹骨象玉石切磋琢磨也。"意思是：骨头要经过切，象牙要经过磋，宝玉要经过雕琢，石头要经过磨，只有这样才能成为宝器。人的学问、知识、能力，就像加工骨（角）、象牙、玉石，要经过反复切磋琢磨一样，须经反复磨炼才能形成。同样，教师要想上出优质课、精品课，必须通过精细打磨，磨教育教学理念、磨教学技能、磨教学智慧，在磨砺中成长、进步。

本章将对磨课的实施进行介绍。磨课是常态化教研的重要环节，也是教师教学技能提升培训的重要环节。在这一环节中通过自磨、同伴磨、专家磨等途径从教学内容的建构、教学设计、教学实施、教学评价技能方面对执教者的课堂进行精心打磨，让教师在自主建构中反思、在同伴互助中反思、在专家引领中反思，不断提升教学技能。

第一节　磨课的目标指向

常态教研磨课的目标指向是教学技能的提升，包括教学内容的建构技能、教学设计技能、教学实施技能、教学评价技能。通过磨课构建学科教学模式，建设学科教学资源库。磨课围绕每次的教研主题展开，包括示范课磨课、诊断课磨课、教学片段磨课等。

一、提升教学内容的建构技能

教学内容的建构技能是指教师通过对课标、教材、学情的研究，从而确定教材的重点、难点和关键，科学、精准地建构教学内容的技能。

案例5-1：初中数学如何解读《19.2.2一次函数（第2课时）》

一、整体把握函数单元知识结构

图5-1为函数单元知识结构图。

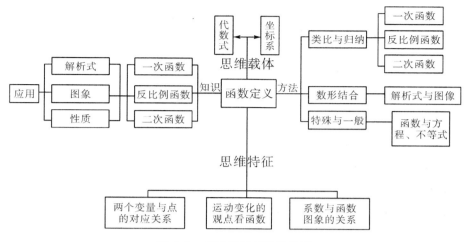

图 5-1　函数单元知识结构图

二、了解课标要求

能画出一次函数的图像，根据一次函数的图像和表达式探索并理解 $k > 0$ 和 $k < 0$ 时图像的变化情况。

三、确定教学目标

（1）能画出一次函数的图像，根据一次函数的图像和表达式探索并理解当 $k > 0$ 和 $k < 0$ 时图像的变化情况。

（2）类比正比例函数特殊到一般的研究方法，渗透数形结合的思想，发展数学抽象的核心素养。

（3）体验探索发现的快乐，学会合作与交流，提高学习兴趣。

四、确定教学重点

教学重点是一次函数的图像与性质。

五、确定教学难点

把图像特征转化为变量的对应关系和变化规律。

六、学情分析

（1）知识基础：学生已经知道了函数、正比例函数、一次函数的定义，了解了函数的三种表示方法，学习了正比例函数的图像和性质。

（2）活动经验：在正比例函数的图像和性质的学习中经历了从多点法到两点法的作图，根据图像从经过的象限、增减性及与坐标轴的交点等角度归纳正比函数的性质，这为类比研究一次函数的图像和性质积累了丰富的经验。

（江阳区教研培训中心　王晓兰）

解读教材时要注意将课时研究放置于单元知识结构中，引导教师从整体上去研究教学内容，形成系统的课程观。

二、提升教学设计技能

教学设计技能是指教师对教学过程的环节设置、题目选择、问题设计、教师活动、学生活动、资源选取进行预设的能力。

案例5-2：中考压轴题的复习

中考压轴题的复习，对于老师和同学而言，都是难点。在提升教学设计技能的培训中，泸州市数学学科带头人张祖超老师通过示范课例展示了他对中考压轴题的精心设计。张老师的教学设计符合学生的学习心理和认知规律，突出了二次函数图像与性质的本质，把综合问题逐个分解成基本模型，通过"搭台阶、小步走"式的深入浅出的教学设计，把课堂还给学生，让各层次的学生积极参与，教学效果凸显。功在课前，力在课堂，思在课外，本次培训让我收获颇丰。

（况场中学　林雨涛）

常态化教研应重视教研活动的全员参与。参培教师与展示教师同课异构，在对比中反思，在反思中优化。

三、提升教学实施技能

教学实施技能是指教师课堂上开展师生活动、运用教学资源、达成教学目标的能力，课堂实施要充分体现教师的主导作用、学生的主体地位。教学实施是教学设计的动态体现，是预设与生成的有机结合。

案例5-3：信息技术与课堂教学的融合

从最初的幻灯机、投影仪到一体机；从PPT到诸如希沃在内的各种教学辅助软件；从教师们手执一支粉笔、一块三角板到画图工具再到几何画板……各种软硬件设备的不断更新，作为曾经是专业的计算机老师的我，有时候也觉得有些落伍。在本次教研培训中，很感谢指导团队为参培教师安排了几何画板、微课制作的学习，让我运用信息技术辅助教学的能力得到提升。记得以前我们在出命题试卷的时候，画的几何图形经常与实际情况有一定的出入。如今用几何画板画出的几何图形，既美观又标准。比如在"圆周角"一课的片段教学中，我利用几何画板演示圆心角的顶点与所对应的圆周角的位置关系，不仅可以启发学生观察思考圆心角的顶点在圆周角的内部、圆心角的顶点在圆周角的一条边上及圆心角的顶点在圆周角的外部这三种情况，而且很容易发现其中圆心角的顶点在圆周角的一条边上这一特殊情况，并进行证明，从而突破了本节课的一个难点，提高了课堂效率。掌握先进的教育技术。比如希沃一体机自带的各种手写、批注、克隆、游戏设置等功能，让我们枯燥无味的数学课也可以变得生动有趣。因此作为一名新时代的教师，我们要时刻不停地学习，努力不让自己被这个时代"抛弃"！

（汜场实验学校　赵声容）

经过打磨的教学设计不一定能在课堂上完美演绎，它需要教师的内化、良好的教学基本功、灵活的实施策略、临场应变能力等诸多因素。磨教学实施，就是磨教师的课堂教学行动，磨教师的综合素养。

四、提升教学评价技能

教学评价技能是指教师对学生在学习过程中的表现做出评价的能力。教学评价要面向全体学生，关注过程，实施分层次、多维度的评价。新课标提出的关注学生的理念应充分渗透到教学各个环节，我们不仅要关注学生智力水平的发展，还应充分调动学生的非智力积极因素，让学生在学习自信心、注意力、毅力、态度等方面得到培养与提升。

案例5-4：初中数学学生课堂表现评价量表

表5-1　初中数学学生课堂表现评价量表

项目	A级	B级	C级	个人评价	同学评价	教师评价
认真	上课认真听讲，练习认真,参与讨论态度认真	上课能认真听讲，练习按时完成，有参与讨论	上课无心听讲，不认真练习，极少参与讨论			
积极	积极举手发言，积极参与讨论与交流，大量阅读课外读物	能举手发言，有参与讨论与交流，有阅读课外读物	很少举手，极少参与讨论与交流，没有阅读课外读物			
自信	大胆提出和别人不同的问题，大胆尝试并表达自己的想法	有提出自己的不同看法，并做出尝试	不敢提出和别人不同的问题，不敢尝试和表达自己的想法			

表5-1(续)

项目	A级	B级	C级	个人评价	同学评价	教师评价
善于与人合作	善于与人合作，虚心听取别人的意见	能与人合作，能接受别人的意见	缺乏与人合作的精神，难以听进别人的意见			
思维的条理性	能有条理表达自己的意见，解决问题的过程清楚，做事有计划	能表达自己的意见，有解决问题的能力，但条理性差些	不能准确表达自己的意思，做事缺乏计划性、条理性，不能独立解决问题			

（江阳区教研培训中心　王晓兰）

学生课堂表现评价量表的使用在评价学生的同时也培养了学生良好的学习习惯，促进学生认真听课、积极思考、合作交流。

五、构建课堂教学模式

教学模式是指在一定教学思想或教学理论指导下建立起来的较为稳定的教学活动结构框架和活动程序。教学模式，作为结构框架突出了从宏观上把握教学活动整体及各要素之间内部的关系和功能，作为活动程序则突出了教学活动的有序性和可操作性。

案例5-5：

初中数学团队对新课、复习课、试卷讲评课等多种课型组织诊断示范、研课磨课，团队构建了以"问题导学、互动探究，提升学生数学思维品质"为主题的课堂教学模式，以下是中考数学复习课的教学模式：

一、梳理知识，构建网络

回归教材，整合资源，关注和重温数学知识的产生背景和形成过程，切实弄清数学核心概念的本质。明确复习的知识位于哪一个知识系统之中。研究知识梳理的方式与方法（教师归纳、教师指导学生按照要求进行自主整理、将知识的梳理融于基础练习之中等），力求将复习的知识纳入学生已有的知识系统之中，帮助学生构建知识网络和体系。

二、典型探究，引领指导

精选素材，控制题目数量。对基础练习、典型例题和巩固练习要做到精心选择，有的放矢，所选题目要突出用所复习的知识解决，涵盖主要的数学思想和方法。要充分挖掘典型题目的价值，适度进行变式与发散。积极贯彻和落实让学生先想、先做的教学理念，让学生做学习的先行者。精心设计学生的活动，适度进行探索与展示。

三、反馈巩固，升华提高

设置课堂跟踪的分层训练，实时巩固检测当堂所学知识。让学生及时总结解题经验、归纳反思，积极构建知识体系，形成数学思想和方法。

（江阳区教研培训中心　王晓兰）

有效的课堂教学模式好比课堂操作手册，初出茅庐的教师在模式的指导下进行教学设计、实施有效教学，已有一定教学经验的教师在比较中改进教学、优化教学。

六、教学资源库建设

教学资源是为教学的有效开展提供的可利用的各种条件，包括教学设计、学案、课件、视频、辅助教学的常用软件等。

案例5-6：初中数学资源库建设

在教研活动中，初中数学团队注重每个阶段资料的收集、整理，并上传至江阳区初中数学教师群供老师们进一步学习、借鉴。初中数学资源库建设资源包括专题讲座（教学四大技能、各章的教学建议、几何画板运用、微课设计）、课例（新课、复习课、试卷讲评课的教案、学案、课件三合一资料）、考点解析（近五年的泸州中考试题分析及总复习建议）等，这些资源凝聚了初中数学团队的集体智慧，在教学中发挥着积极的促进作用。

（江阳区教研培训中心　王晓兰）

资源库建设需要充分发挥区域学科团队、学校教研组、教师的积极性，收集、整理、开发、应用，不断补充和完善。

第二节　磨课的实施策略

磨课是对教师在教学内容的建构、教学设计、教学实施、教学评价等方面的表现进行一次次的打磨、改进、优化的过程。在这个过程中指导团队要帮助教师树立信心，并加强教师的自我反思和改进，采取小目标、小步骤，每次改进一小点，分步解决问题，逐步得到提升的策略。

一、磨课的流程

磨课的一般流程是"初建课堂—重建课堂—再建课堂"。下面以初中历史七年级上册第二单元第12课"汉武帝巩固大一统王朝"为例进行说明。

案例5-7：初中历史打磨诊断课"汉武帝巩固大一统王朝"

"汉武帝巩固大一统王朝"是部编版初中历史七年级上册第二单元第12课，该课内容较多，主要包括"'推恩令'的实施""罢黜百家，独尊儒术""盐铁专卖"和"北击匈奴"这四个子目，而且该课在课标中也占有比较重要的地位，要想在一节课40分钟的时间内上完确实需要老师对教材内容进行整合。因此，我们在对这一课进行打磨时，将磨课的主题定为"教学内容的选择与有效实施及教学环节时间的科学分配"，确定了三个观课点：教学内容选择（灵活处理教材，正确选择呈现，激发学习兴趣）、教学过程环节完整时间分配恰当、实施策略（教学方式、教学活动等）。下面以第一子目的打磨为例说明。

第一次课例（自磨、教研组磨）

第一子目"'推恩令'的实施"：教师结合教材第57页"相关史实"，首先给学生介绍汉初统治者实行的"郡国并行"措施及"七国之乱"，意在让学生了解"推恩令"颁布的背景。其次让学生阅读教材第58页第一段的相关内容和PPT上的材料后小组合作探究汉武帝解决王国问题的措施以及其作用。

教学反思：在讲背景时太过啰唆，导致浪费了不少的时间。而且，很多学生不能归纳出汉武帝时期面临的两点政治危机：一是王国问题；二是地方豪强地主与官府分庭抗礼。因为教师过于高估学生的能力，所以学生最开始对颁布"推恩令"和"刺史制度"理解得不是很透彻，应该适当辅以材料来帮助学生理解。

第二次课例（区域指导团队磨）

第一子目"'推恩令'的实施"：请一位学生朗读"汉武帝个人档案"，接着教师解释"大一统"的含义。然后，教师引导学生结合第57页"相关史实"和之前所学内容概括西周、秦及汉初管理地方时采取的措施。阅读第57页相关史事与PPT相关材料，学生回答汉武帝时面临的政治危机。教师运用动画扇形图直观展示"推恩令"的内容及其影响。

教学反思：动画扇形图运用得好，形象直观地展示了"推恩令"的内容及影响，通俗易懂，有利于帮助学生理解。该教学设计符合教学内容与学生特点，但是内容过于烦琐，应适当整合，在难点突破方面还要下功夫。

第三次课例（成果展示）

第一子目，"'推恩令'的实施"（政治危机及政治方略）：PPT展示精简后的"汉武帝个人档案"。让学生结合教材和PPT材料，找出汉武帝面临的政治危机（王国危机），并归纳出解决措施；通过PPT材料+扇形图，解读"推恩令"的含义；PPT展示条形数据图（课后活动），帮助学生理解；阅读教材"州设刺史"，在教师的引导下帮助学生理解刺史的监察对象及刺史制度的作用。（用时10分钟）

教学反思：通过这三次磨课，教师建构教材的能力得到提升，教学设计有特色，有利于引导和帮助学生理解本课难点。课堂教学环节清晰，时间分配合理。

（习之学校　邱晓鸥）

再建课堂并不是磨课的终点，而是教师更新教育教学理念、提升教学技能、提高课堂教学效率的起点，教师们如果在日常的教学中能养成反复推敲、反复打磨的教学习惯，那么成长为名师将不再是一句空话。

二、磨课的途径

（一）自磨

1. 上课后的自我反思

教师从初建课堂、重建课堂、再建课堂这一过程中对课堂有一个自我反思，积累经验的过程。学会反思、善于反思、乐于反思是优秀教师成长的共性。

案例5-8：区域展示的自我反思

我是刚参加工作才一年的新教师，很幸运的是，我担任了面对全区教师的诊断课教学。在七年级"同类项"一课三磨的教学中，我体验到上好一节诊断课有多么不容易。初建课堂的我内心忐忑，照本宣科，草草了事，不知所措，重建课堂的我因为有送教团队对我精准的帮扶，让我有了完成一节完整课堂的信心，再建课堂的我对教学目标、教学思路有了更为清晰的认识，但是预设与生成处理得不太好，多少有些遗憾。这一路走来，我的内心充满感激，感谢区域展示给予了我不一样的教学体验，感谢教研团队助力了我的成长！

（江北学校　向东菲）

在常态教研活动中，很多新教师通过上诊断课、展示课，在一步步的打磨中不断地自我反思，总结经验，扬长避短，加快了成长的步伐。

2. 示范课后的对比反思

常态化教研活动包含了示范课教学和诊断课教学，课后的议课活动包括对两节课例从四大教学技能点进行对比反思，并做好相应的反思记录，引导教师在学习优秀课例中改进提升教学技能。

案例5-9：在磨课中蜕变，在反思中提升

在白马学校示范课和诊断课后，我进行了对比反思。我在"班级生活放大镜"这个环节的设计以班级获得流动红旗作为话题的切入点，通过引导学生讲述流动红旗背后的故事，帮助学生建立个人行为与班级规则之间的关系。而示范课教学是指导学生重点围绕班级生活存在的问题进行讨论，并鼓励每一个学生参与，引导学生关注自己具体的行为，使得学生体会到制定规则很有必要，让后面学生们能主动参与班级规则的制订变得水到渠成。通过对比，我认识到仅让学生们感受到遵守规则和班级荣誉之间的关系是不够的，应从学生熟悉的生活入手，从矛盾的冲突变化中激发学生对于制定规则必要性的自我认识，这样的设计才贴近学生，才更为合理。

（江阳区华阳学校　谭星）

观摩同课异构的示范课进行对比反思，是促进教师达成课堂"自磨"重要而有效的途径。

（二）同伴"互磨"

1. 学校教研组团队磨课

学校教研组团队磨课是校本研修的重要内容。教师们积极参加示范课、诊断课的校内打磨，大家从学术的角度认真观察课堂，积极发表意见，提出改进建议，在学校教研组磨课中，团队的整体素质得到提升。磨课活动给学校教研组团队注入了新的活力，为有效开展校本研修、深化课堂教学改革、促进教师专业化成长提供了新思路、好办法。

案例5-10：蓝田中学数学教研组磨课记录

根据本学期区域教研活动的安排，龙锡芳老师将在全区上"积的乘方"的研究课。为了更好地展现教师的风采，数学组教师出谋献策，积极参与到龙锡芳老师的磨课活动中。

第一次组内磨课活动：龙锡芳老师以说课的形式，交流了自己对教材的理解、教学过程及每个环节的设计意图。随后，教师们围绕龙锡芳老师的说课展开了热烈的讨论。大家各抒己见，畅所欲言，从教学目标的字斟句酌，到每一个环节的设置顺序，再到每一个例题的使用，大家都反复推敲，认真思考。龙锡芳老师认真倾听老师们的意见和建议，详细做好记录，并结合自身的实际情况，对教学设计再次进行认真的修改。

第二次组内磨课活动：龙老师上课后，全体听课老师结合龙老师的授课展开了积极的讨论。大家分别从教学设计、教学内容、教学方法、时间的把控及课堂应急机制等多方面对龙老师提出了宝贵的建议。老师们从学生的表现中去思考教学设计、教学内容的调整，预设学生在课堂中可能出现的问题及状况，并提出相应的对策。

通过教研组磨课活动，龙老师自信地走上了全区展示的舞台，得到了指导团队的肯定，受到参培教师的一致好评。

（蓝田中学　江大群）

学校教研组非常重视教师的全区展示，通常在校内都会开展磨课活动，从各校传出的一份份磨课简报可以深刻地体会到教研组的团队力量，在这种奋进的团队中工作的教师是幸福的。

2. 小组"共磨"

区域观课后，教师积极开展议课活动，以小组为单位，探讨展示课的亮点、存在的问题和合理化建议。小组磨课增进了教师的相互了解，也促进了校际之间的联系，活跃了全区教师的沟通与交流。

案例5-11：初中化学"以老带新"小组磨课

初中化学团队将教师分成三个组，新教师和老教师均衡地分到同一个组，形成以老带新、以新促老的模式。

教师们从教学目标的落实、教学内容的处理、教学方法的应用、教学重难点突破、学生行为的表现、教师行为等方面进行观课，课后上课教师从自己的教学设计及意图、教学目标的达成度、教学过程中的亮点以及主要失误这几个方面进行说课。接下来进入最重要的环节——议课，三个组的老师在各自组长的带领下对展示课做认真的分析、思考、讨论，讨论教学设计是否合理，教学思路是否清晰，如果是我上该怎么处理，我们的议课细到每一个问题的提出是否有效，过渡语怎么说。广到板书设计是否合理，学生在课堂上是否动起来，信息技术在教学中有没有合理运用等。老教师毫无保留地将自己的经验传授出来，新教师也不甘示弱，总会有许多新奇的想法融入教学当中。

为磨出更好的课，达到更好的教学效果，我们每个组按照活动元设计模式，依据本节课的内容，又分成活动元一、活动元二、活动元三等小组，形成组中组，每个组中组设计一个活动元版并撰写教案、制作课件，一字一句仔细斟酌，反复推敲，共同挖掘教材，深入讨论如何调动学生的积极性，如何实现预设生成，达到教学目标，细到每一处知识的讲解、演示实验的注意事项、课件字号的大小、颜色等，老师们细细地磨，精心地雕琢，用心地交流，碰撞出思维的火花，赋予课堂新的生命力，运用集体的智慧雕琢出一件件新的艺术品，所谓"三人行必有我师"，我们新教师与老教师相互学习，共同进步，想要琢出课堂设计之美，琢出教师行为细节之美，琢出学生活动灵巧之美。

（梓橦路学校　周敏）

合理分组，以老带新的组织形式极大地调动了参培教师的积极性。一方面，优秀的、教学经验丰富的教师得到了认可，另一方面，年轻教师在小组活动中通过老教师的有效帮扶得到了提升，合作分享，相互促进。

3. 城乡"对磨"

江阳教育呈现出城乡二元化结构，为促进城乡教育均衡发展及整体提升，各学科构建了城乡互助教研模式，在教研中充分发挥城区学校教研团队的优质资源，通过上课、说课、议课、专题讲座等多种形式带动乡村学校教研团队，促进校本研修，个体成长。

案例5-12：初中思政联组教学技能提升培训城乡结对，提升四大技能

初中思政学科根据江阳区城乡二元化结构特点，将城区6所学校和乡镇18所学校分成6个组，即1所城区学校与3所乡镇学校"1+3"联组结对开展磨课活动。各组精心打磨的6位乡镇教师脱颖而出参加了乡镇初中思政教师教学技能大赛。

（江阳区教研培训中心　陈洪平）

创新的教研方式、精细化的内容安排，让城乡教师在每一次的教研活动中收获满满，受益匪浅，对学科建设的整体提升、对城乡的协同发展产生了积极的推动作用。

（四）专家"导磨"

1. 专题讲座

在每次的诊断示范教学后，区域指导团队围绕四大技能，结合教师发展的实际进行微讲座，对教师进行专业引领。

案例5-13：初中数学指导团队微讲座《关于作业评价的建议》

关于正误的标注（提倡一题一个标注）

正确的解答，一定要标注"√"，这是对学生正确解答的认可与鼓励；

错误的解答，尽可能不要标注"×"，可在错误处标注下划线、旁边再标注一个小问号，提醒学生此处解答有误。

一、关于旁批的标注（提倡）

学生解答出彩处，如漂亮的书写格式、简洁的解答方法等，都应该得到教师的赞赏与鼓励，此时有必要写一些鼓励性的语言，或标注一个鼓励性的简笔画，如笑脸、赞、小花等，任何人尤其是学生都是非常愿意得到赞赏与鼓励的。

二、关于等级的标注（提倡）

如同在考试中每一份试卷都会有分数表示学生的学业水平一样，作业批改完结处也应该有一个等级的标注，可以采用分数，也可以采用 A+、A、A-、B+、B、B-的形式，最好不要用 C 及其后的字母，注意保护学生的自尊心，树立学生的自信心。

三、关于总批语的标注（提倡）

如果说旁批的意图是对学生本次作业某个题解答的赞赏与鼓励，那么总批语可以是教师在作业等级标注的旁边写一句或一段带有提醒或鼓励或表扬的语句、对学生本次作业的完成情况做出的肯定。目前，很多理念先进的学校都提倡或规定教师根据学生的本次作业情况及学生近期的学习表现，在作业批改的最后给学生或家长留言，而学生及其家长也可以在作业本上与教师进行简短的情感交流。

四、关于日期的标注（必须）

每次作业的批改都应该标注批改时间，表示教师是及时批改作业的，同时，也是上级检查教学六认真的一项很重要的依据。

（江阳区教研培训中心　张惠芬）

作业的批改、评价是教学六认真的重要内容，对教师的磨课要注重细节的引领和指导。

2. 课例分析

江阳区常态化教研活动得到了各级专家的大力支持，专家从培训理念的更新、培训目标的制定、培训课程的设计到培训实施的优化等方面给予了精心的指导。

案例5-14：乐山师范学院数学系专家亲临一线指导

2018年10月26日，乐山师范学院数学系一行四名专家到江阳区视导了区域常态化教研活动。视导组由乐山师范学院数学与信息科学学院党总支书记邹进带队。专家亲临现场听课、听讲座，观摩教师开展议课、磨课研讨活动，现场解答疑问，指导教研活动。邹进书记对江阳区中小学数学常态化教研活动给予了充分的肯定，认为活动主题突出，针对性强，求真务实，教师参与度高，效果显著。同时，他还提出了很好的指导意见，要求中小学数学教学要注重发展学生的数学核心素养，要培养好学生的数学思维，要让学生经历学习过程，积累数学活动经验，养成良好的学习习惯，要让学生理解、掌握运用数学思想方法。每位教师一定要把研修成果运用到教学实践中去，切实提高教学质量。

（江阳区教研培训中心　袁小平）

第三节　磨课的注意事项

一、构建磨课共同体

在磨课过程中，各级专家、区域指导团队、学校教研组团队构成了磨课共同体。通过磨课共同体有效开展磨课活动，教师教学的整体技能得到提升，教师专业化发展及城乡教育的均衡发展也得以促进。

案例5-15：小学"道德与法治""健康游戏我常玩"磨课共同体

小学"道德与法治"区域教研指导团队与学校教研组团队以同课异构"健康游戏我常玩"为主题组成了磨课共同体。担任示范教学的吴老师刚接到承担全区示范课教学任务时，要讲授新教材的内容，没有借鉴、没有可参考的课例，一头雾水，很是迷茫，不知道怎样入手，比如如何选课、如何备课、如何找准教学目标、怎样才能把握好重难点等。在小学"道德与法治"区域教研指导团队、学校教研组团队的帮助下，通过一次次的研课、磨课，吴老师的示范课教学让他在教学生涯的瓶颈期突破了自我，焕发了教育的青春。担任诊断课教学的段婷婷老师在小学"道德与法治"班优秀学员代表发言时说道："第一次在力行路小学站上讲台执教'健康游戏我会玩'时非常忐忑，我对教材的解读、对课堂的把握根本不在状态。在我迷茫时，指导团队教研员李思泽老师关于教材解读技能的讲座给了我很大的启发，吴开碧老师给我们带来的示范课让我对小学'道德与法治'课有了新的认识。于是在对教学设计做了大的修改后，我再一次站在了力行路小学的讲台上，找回了心中的那份自信！感谢区域教研指导团队、感谢学校教研组团队，是你们给了我前行的力量，让我收获了成长！"

（江阳区教研培训中心　李思泽；蓝田力行路小学　吴开碧）

团结就是力量，众人拾柴火焰高，磨课共同体发挥了集体的智慧，让每一位成员都得到了发展。

二、营造良好的互助共进氛围

磨课的过程中，各级专家、区域指导团队、教研组团队对参与诊断、展示、示范的教师给予了真诚的关心、帮助，提出意见和改进的建议，营造出互助共进的研讨氛围。

案例5-16：团队研磨，促我成长

一个教师的专业成长，离不开一个优秀的团队。一个好的团队可以让每位成员都变得优秀，我所在的泸南中学数学组就是这样一个优秀的团队！在课堂观察中，数学组每位老师都有明确的分工，从教学目标定位、教学过程设计、课件制作、教师仪态语言、学生活动设计等方面进行观课记录，并且在评课时要指出存在的问题和改进的建议。以下是老师们对我执教的示范课"单项式"的磨课评课记录：

张建军：两个地方可以讨论：①学生对写出的式子在运算的角度进行分类时可以讨论，老师应对个别小组进行指导；②在赋予$0.9b$不同的意义教学内容时，学生感觉有点困难，同时也是对学生思维的一次训练，所以这个地方应该停下来让学生去讨论。

黄森：对单项式的识别可以组织学生之间相互讨论，学生说明理由，让学生在体验中生成。

曾泽伦：在例题后面可以增加一个开放练习训练学生运用知识的能力，增加这样一个小题：写出一个系数为负分数，含字母a、b，并且次数为5的单项式。

袁书涛：板书有点凌乱，需要改进，排版也需要修改一下，左边概念，右边分析。

李春：学生在练习时，教师应走到学生中巡视，收集学生的问题，尽量不发出声音，给学生一个安静的学习空间。

胡萍：教师的部分教学语言需要优化……

指导团队王老师：在组织学生观察单项式的特征时要注意学生的自主探究和小组的合作思考。

指导团队张老师：课堂上使用班级优化大师进行评价，给表现好的小组加分和奖励，激励他们积极讨论，大胆提问，积极参与到课堂中来。

通过这次集体讨论，区域指导团队和教研组团队对学生活动开展、信息技术辅助教学、教学细节等方面都提出了建议，结合团队的建议和自主反思改进，我终于形成了概念课教学的模式——归纳式教学法，即让学生在一些相关信息中归纳共同特征，建构数学概念。如此定位，就突出了课堂是以学生为主体的教学理念。

通过教研组团队和区域指导团队的打磨后，我充满自信地站在了南城学校的示范课课堂上，关于如何组织学生活动的教学实施技能示范课培训收到了实效，得到了参培教师的一致好评。我非常感谢教研组团队和指导团队，他们真诚的帮助让我成长、进步。

（泸南中学　李洪飞）

磨课活动就是学术研究，学术研究就是要敢于实事求是，我们感激的是那些敢于说真话，为我们提出意见和建议的同事。

三、注重资料收集

在教研活动中，要重视资料的收集工作，除了前面资源库建设中提到的讲座、课例等资料外，学科团队还应将磨课过程中有突出表现的教师纳入学科人才资源库管理，为他们提供更多的学习和展示的机会，帮助他们尽快地成长为全区学科教学的骨干力量，对薄弱教师则要多与所在学校联系，与教师本人联系，帮助他们分析原因，实施精准帮扶，提升他们的教学自信心和教学水平。教师自身应重视对磨课资料的收集，很多教师对诊断课、展示课进行了很多次的修改、补充、完善，并用红笔进行了批注、强调，这些资料为教师进一步学习、研讨提供经验借鉴，是教师成长的宝贵资源。

四、注重教研成果的推广应用

各学科团队、各校都应认真梳理和总结教研成果，开展相关课题研究，并积极地推广应用到日常的教育教学工作中。

案例5-17：初中数学团队开展课题研究

初中数学团队将"乡镇学校问题串的教学设计与应用""乡镇初中帮扶数学学困生的课堂有效策略研究"两个区级科研课题与教学实际相结合，在研究中实践，在实践中研究，获得了丰富的实践经验。其中《乡镇学校问题串的教学设计与应用》荣获全区教改科研成果二等奖、全市课堂教学优秀成果一等奖。为了更好地对全区教师进行培养，初中数学团队通过多次论证研讨，确定了以有效教研模式研究、实施、反馈引导教师进行教学研究、教学实践、教学改进，以期提升全区教师的教学能力，进而提升教育教学质量。目前，"初中数学'互助式'教研模式构建研究"已立项为市级科研课题，并在市级阶段推广会上交流。

（江阳区教研培训中心　王晓兰）

案例5-18：参培教师的思考

初中数学团队为我们搭建了"学习—讨论—实践—讨论"的培训平台。我很荣幸地被选为磨课对象，上了两次课。学习的过程使我反思、完善、提高。

教研培训改变了我的认识，在之后的教学中我始终以"结合学生实际，务实求本"作为开展每个教学活动的宗旨，坚定了我将课堂教学实施策略的转变作为有效转化学困生的信心。"如何引导学生更加简单地认识数学、理解数学、学习数学"成了我备课前思考的重点。下面将培训后的一些转变列举如下：

一是新旧衔接，将"新的知识点转化为旧的知识"作为教学切入口，降低学困生的学习难度。讲授"有理数"时，我针对这届学生多数基础薄弱的特点，在衔接知识点上下功夫。课前了解班上学生对小学相关知识点的掌握情况，确定第一节课的教学目标和教学重点，收集典型例题和针对性的练习题。课堂上，把"有理数"的相关知识点转化为小学知识点，将小学知识点进行复习巩固（特别对学生学过的混合运算和小数、分数、百分数专门复习），再根据学生反映的情况，逐步引入新的知识点。课后，及时通过学生作业完成情况，与部分学生交流等分析学生掌握情况。再针对少数学生掌握不牢的情况，分析原因，寻找方法。同时，对掌握好的学生进行口头赞许、表扬和鼓励。我发现一些基础非常薄弱的学生，也能够很快和很好地掌握相关知识点。虽然教学进度减慢了一些，但教学质量却有了很好的提升。

二是化整为零，将"复杂内容转化为简单知识点"作为日常教学植入点，起到潜移默化的效果。我在讲授"一元一次方程"时，以往的教学是把解方程和方程的应用完全分开。以为把这两个知识独立分开可以让学生学起来更容易，的确独立的解方程教学显得纯粹多了，可是到后面的方程应用时是历届学生最头疼的事，大多数学生不知所措，于是应用题的教学成了最头疼的事，考起试来除了优生，其他学生几乎做不来。本届教学中我按照教材的设计一步一个脚印地走，没有做特别调整。教材的设计是把方程的应用分解到每一课时中，由简单到复杂，循序渐进、潜移默化地渗透。实践证明，班上学生确实在解方程应用题时的正确率比往届同等层次的学生提高了很多。

三是双向并重，将"知识教学与解题方法训练"有机结合，有效提升学习的基本能力。比如，在一元一次方程的实际应用题中的方程大多数计算都较复杂，哪怕是成绩好的学生，有时往往能列出方程却解不出来，因为这些方程含大数字或小数或百分数。如果我们在日常教学中，不断加强学生的解题能力训练，引导学生学会将方程中的数字化繁为简，就会有效提升学生学习的基本能力。

教研活动让我学习、反思、成长，在2017年四川省微课比赛中我设计的微课作品《最短距离》荣获省一等奖，2018年10月担任区级课题"乡镇初中数学学困生课堂帮扶有效策略研究"的主研，在2018年中考中我任教班级的数学成绩名列乡镇前茅。在教研的引领下，我会继续拼搏，继续努力！

（南城学校　王芳）

常态化教研培训带给教师个体的成长是可持续性的，我们欣喜地看到，类似于王芳的很多教师像一粒粒种子，在教育这块希望的田野上生根、发芽、开花、结果。他们开始不满足于既有的教学状态，他们在教研的引领下学会了思考，学会了改变，他们希望通过自己和团队的努力，改变落后的面貌，希望在一次次精雕细琢的磨砺中成长、进步。他们改变了，团队改变了，受益的就是我们的希望，那群绽放纯真笑容的孩子们，这也正是教研成果应用推广的真正价值所在。

第六章　成果展示的实施

"成果展示"是指在常态化教研中，参培教师围绕培训技能目标，在经历了"个人备课—参培教师代表提供诊断课—研究课团队上示范课—学科教研员专题讲座—个人修改教案—分小组磨课"后进行的环节。它既是对前面环节中个人思考、教研员指导、集体智慧的检验和展示，也为参培教师在后面的"总结提升"将教育理论实践化、教育实践理论化搭建交流的平台和创造思维再次碰撞的机会。

第一节　成果展示的目的

一、成果展示的目的

成果展示是以学科为单位的研究课团队根据培训主题，依托课例，引发参培教师原有认知、习惯操作与新视野、新方法发生冲突，获得新思路新启发后与团队重新构建的新认知、新操作的一种展示交流。

二、成果展示的价值

成果展示是参培教师经历了个人思考，借助研究课团队、学科教师的集体智慧，在教育现场跳起来摘到的"桃子"。它既是聚焦主题的学术交流，也是凝聚友谊的情感升华，促进了区域层面同一学科教师之间的资源整合、经验共享。

（一）增强参培教师的自信心和积极性

教师参加培训的目的是"用以致学"，是希望通过培训解决教育教学实践中遇到的难题或困惑。成果展示就是参培教师在研究课团队的精心组织下，在教育现场通过课例展示和研讨，不仅提供可供操作的范式和拿来即用的方法，还给了参培教师展示自我、欣赏他人的平台。这能够在一定程度上激发参培教师的积极性和主动性。

苏霍姆林斯基说："在人的内心深处都有一种根深蒂固的需要，那就是渴望得到别人的赞美。"一线教师虽然在理论学习上缺乏高屋建瓴的远见，但是他们有实实在在的教育经验或教训。当他们将自己的教学经验与相关的教育理论相结合，从而获得新的思考、新的观点时，那种被激励与唤醒的欣喜不言而喻。

案例6-1：我能"展示"我要自主生长

一说起那次展示，我身上的每一根汗毛都欢畅地跳动起来。这种难以自持的欢乐，来自我第二次执教小古文《司马光》后学生和老师给予我的评价。

犹记那天课后，孩子们围着我，七嘴八舌地说道："任老师，你什么时候还能来给我们上课？""任老师，我喜欢你的课，好好玩啊！""任老师，……"该班语文老师赞许地说："任老师，你这堂课让我发现了孩子们的另一面，就连那些平时不爱发言的孩子，今天表现得都很积极。"

评课时，老师们的评价更是让我内心充满了喜悦。"利用肢体语言读吟诵读，调动了学生参与的积极性。""适时引用儿歌，活跃了气氛，点燃了创意。学生抢着上台表演就是最好的证明。""在'读、说、比'的教学活动中，切切实实地落实了课标'学习语言、理解和运用语言、积累语言'的要求……"

满心欢愉的我知道，这样的评价来之不易。我想起了第一次执教时的迷茫，想起了老师们群策群力、无私的帮助，想起了学科教研员点对点的悉心指导，想起了挑灯夜战的我集众智不断修改教学设计的艰辛。

我要感谢区域常态化教研，它促我成长，让我不断看到一个越来越优秀的自己。

（江阳区黄舣小学　任焰）

任焰老师的话，道出了她在专家引领、同伴互助下，将自己的改善和提高展示出来，被人认可获得的喜悦。

在跟踪调查中，黄舣小学副校长李海明谈到了任焰老师的变化："任焰老师自在区域常态化教研中展示后，主动承担了学校公开课。她一改过去一问一答的教学方式，而是以读代讲，以读促写，引领着学生入情入境地练习。在她的指导下，学生读出了标点停顿的差异，读出了生活场景的画面感，读出了人物的高贵品质。我想，这正是任老师得到了大家的帮助以及她个人努力的结果。"

从李海明校长的谈话中，我们感受到了任焰老师的进步和改变，也充分说明区域常态化教研增强了她的内驱力和学习力。任焰老师意识到，只要不断学习，深入思考，哪怕平凡如乡村教师，也能绽放属于自己的精彩。

这种改变和进步，在江阳区中小学校园里悄悄地发生着。

（二）任务驱动倒逼学习的落实和提升

成果展示要求参培教师根据诊断示范、研课磨课所得，借助专家和同伴智慧，采用多种方式汇报小组针对培训主题的见解和思考。在此环节，不仅是个人深度思考后的简单交流，更是小组团队将感性经验进行理性提升，变成方法与策略的高度概括。

基于此，注定区域常态化教研不是简单地说上评，而是真枪实弹的高参与。

在江阳区常态化教研中，有这样一个特殊的团队——中小学心理健康团队。整个团队只有6人，在全区心理健康教师严重缺乏的情况下，他们却要承载起既要推动区域心理健康工作，又要为凉山阿坝地区总结常态化教研的重任。于是，他们化劣势为资源，采用共上一个课程、共谋一份方案、共设一个活动、共读一本书、共学一门网课的"五个一"行动作为任务驱动，整体规划常态化教研活动。

他们采用任务倒逼的方式，既与参培教师一起读书学习、研讨，共同提高，又以点带面帮助乡镇学校构建心育体系、举办心理健康节活动和设计大型团辅活动，得到了学校的高度肯定，团队也从中得到了锻炼和成长。团队中唯一一个专职心理健康教师刘绍英，也从一个年轻的教学新手历练成了一个既能给学生上课，又能培训教师、家长的老手。谈起她的进步，她感慨颇深。

案例6-2：成长的美好——从知道到达懂得

作为区域常态化教研研究课团队教师，感谢区域为我提供了很多外出学习、砥砺奋进的机会。

学习输入——给别人一瓢水，自己得有一条河。

培训者培训，从大课学习到分学科专业研讨，从理论修养到实地跟岗，我看到了自己与名师之间的差距；他山之石可以攻玉，唯有脚踏实地，勤读书本，笔耕不辍，涓涓细流才能汇聚成江河。

反哺输出——助人自助，心理健康教师的责任与担当。

制订研课方案，讨论会开到晚上十点，回去再继续熬夜想细节，反复跑现场核实活动准备情况，示范献课精心准备，天没亮就已经走在了去学校的路上……如此种种点滴艰辛画面，才有常态化教研最少的一支队伍，在各个学校的活动夺人眼球，精彩纷呈。每到一处，都踏实地给该校带去切实改变与收获。

期待这些付出，如同星星之火，让江阳区心理健康教育形成燎原之势。

区域常态化教研之路，我在回望时充满感恩，从知道到懂得到践行，感受成长之美。我不想错过在这里成长的每一瞬间，望有更高格局，见证江阳心理健康教育迈上新的台阶！

（泸州市梓橦路学校 刘绍英）

（三）提供平台促进区域学科内大交流

过去的教学教研，在优秀教师提供课例之后，大家本着不得罪人的原则，说说不痛不痒的评价，完成任务了事。但是在近几年，江阳区常态化教研中，求真求实求证，越来越成为教研的本质。每位教师都要提前备课，并要在观摩参培教师的诊断课、研课团队的示范课、学科教研员的专题讲座后磨课。这种磨课，不是简单的"2+2"评价，也不是你好我好大家好的一团和气，而是小组成员围绕培训主题，结合课例和专家观点，研讨修改意见，设计展示方式，以小组为单位在成果展示环节分别展示，再次评价或建议，最终实现本学科本次培训主题技能的提升。

在初中化学学科教研中，研究课团队根据该学科教师教学实际、年龄结构等情况，采用"青蓝工程、人人微课"的方式，让所有教师围绕培训目标形成一个学习的场、研讨的域。

案例6-3：微片段教学促新老教师共发展——初中化学教研活动

提升教师教学技能一直是江阳区初中化学科研究课团队的思考与追求。本区初中化学教师队伍中，老中青所占比例均衡。但是，有的老教师和中年教师多年来未上过区级研究课，教学技能究竟如何不了解，而近年来新入职的年轻教师多起来，在平时的教材教法培训中也缺乏锻炼的机会。因此，化学科研究课团队采用人人都上微片段教学的方式，让新老教师同台展示，共同提升教学技能，共同发展。

一、主题与内容

在初中化学其中一次教研活动中，教师围绕教学实施技能，分两次在通滩中学和高新区中学进行微片段展示，内容分别是"原子的结构（1）"和

"物质组成的表示（1）"。

二、先定环节后定展示人员

区域化学教研分成三个小组：信息技术与学科融合组、让学生动起来组和课堂有效提问组。每个组先确定所选内容的教学环节，再分成相应的教学环节小组，各环节小组推选出展示人员，要求兼顾老、中、青，以展示人员为中心再研讨，最后展示。两次的展示人员都是9名，有临近退休的老教师，有精力充沛的中年教师，也有新入职的新新教师，他们代表着三个不同的层次。

三、先上课后说课

展示时，选出的9名老中青三个层次的教师同台竞技，按照上课模式进行没有学生的上课，各自展现出不同的教学技能与教学风格。如向烈老师由人佩戴金银首饰为什么不会触电引入，通过观看动画模拟原子的结构，然后用微观的知识解释——原子不显电性，将宏观与微观很好地结合起来，为初中化学三重表征思想的运用打下了基础；曾杰老师由一只鸭子加一只鸭子等于两只鸭子，但一个原子加一个原子不能简单相加来讲解化学式中数字的含义，形象生动，易于被学生接受。有的幽默风趣、有的严谨科学，注重化学与生活的联系，注重化学价值观与思想方法的渗透。

由于微片段教学展示是没有学生的上课，为了增强展示的效果，上课教师课后马上进行了课后说课，简要说明教学环节、处理方式及设计意图、教学反思，使观摩的老师能清晰地了解他的教学内容与教学方式，对他的教学技能做出科学的评价。

四、反馈和二次备课

在微片段教学展示结束后，通过观看上课视频，进行反馈和二次备课，找出展示人员的成功和不足之处。大家相互交流发现，没有学生的课堂，上课教师感觉有些别扭，放不开手脚，自问自答不能得心应手；年轻教师们接受微格课比老教师要快，表现出来就是展示更为流畅；个别老教师就只是进行简单的说课。通过反思评价进一步改进、提高。最后所有学员，根据自己观摩的微片段教学进行教案的修改，有的放矢地进行二次备课。

五、反思和评价

微格教学在常态教研中的使用，得到了培训学员的一致好评。教师们看到了同一节课不同的引入方式，同一个知识点不同的处理方式，看到了老、中、青三种层次的老师各自的优势与薄弱点，同时提出合理的建议。这些毫无疑问地促进了老、中、青三种层次教师教学实施技能的提升，促进了他们的共同发展。

微格课展示是一种新型的教研模式，是一种尝试。由于近几年新进的化学教师相应较多，如何让这些新教师能够迅速地成长起来呢？再加上课程教学结构的改革，我们许多老教师的教学也有点不适应新的课改要求，如何促进老教师的发展呢？我们立足常态教研，通过微教学片段展示，以老带新促其成长：老教师带着新教师备课、研讨教学设计；新老教师同台展示共发展；课后观看录像课，研讨教学中存在的问题及解决的方法。相信通过这样的活动，我们的年轻教师会很快地成长起来，同台展示也会促进老教师进一步发展。相信我们的学员对自己的教学也有了全新的认识，无疑是提高教学技能的一条新途径。

（江阳区教研培训中心　朱玉莲）

这种在区域内以学科为单位，多学校同学科聚焦主题的研讨，从根本上改变了乡村教师由于学校人少而无人共研讨的局面，也促进了同学科教师间资源的整合和情感的交流。

（四）小切口集众智提升教师专业成长

江阳区常态化教研聚焦课堂展开教师教学的四大技能（解读与建构教学内容的技能、设计教学的技能、课堂实施的技能、教学评价的技能）的培养，以解决江阳区教师教育教学中存在的实际问题、提升教育教学质量，以促进学生核心素养提升为立足点，实现学生由"不会学习"到"学会学习"（会学并且能学好）。

提高课堂质量是常态化教研的主轴和重心，课堂教学四大技能，一次一主题，一次一提高，最终帮助教师会教并且能教好。

基于此，每个学科每次常态化教研务必落实一个教学技能，参培教师要在诊断示范、研课磨课后，在成果展示环节呈现该技能在课堂的实际运用。如果说诊断示范、研课磨课是研究课团队在搀扶着学科教师走路的话，那么成果展示就是学科教师蹒跚学步后的结果。在此环节，所有参培教师要将优秀的经验、典型的做法内化，运用于教学实践。

心理健康教育这支特别的队伍，也探索出一条特色的常态化教研之路，秉持"在游泳中学会游泳，在做中学、学中做中共同成长"的原则，在具体的活动开展中，提高学科教师心育能力，培养区域心理健康教育种子教师，帮助学生身心健康成长。

案例6-4：心理健康研究课团队指导学校开启区域心理健康节活动的工作笔记

心手相牵，共筑童心防护墙

2018年"5·25"心理健康节，研究课团队选择参培教师所在学校，以"人际关系"为关键词，与参培教师以及学校共同策划心理健康节方案。

与学校谈及心理健康节，学校几乎无人知晓，也不知从何搞起，再深度调研全区学校，都未涉及此类活动。于是，研究课团队决定以点带面，由研究课团队教授参培学员、学校策划活动方案、实施课程内容，以此作为示范，要求全区中小学德育副校长、德育主任、心理健康专兼职教师参加。

为更好地因地制宜，研究课团队几次到学校查看场地、与校领导座谈、与学校兼职教师交流，几易其稿，终于制订了一份既符合学校实情、又具有榜样示范作用的方案。

方案初定，接着是培训教师。研究课团队实行"1+N"的模式，从活动设计、具体实施等一一进行讲解、示范，真正实现了零基础普及、手把手教授。

此外，研究课团队整合了市级心理健康宣讲工程团队，邀请宣讲团对全区德育副校长、德育主任和兼职心理健康教师进行培训。

（江阳区教研培训中心　魏雪梅）

第二节　成果展示的实施内容

一、展示内容

前面已经谈道，江阳区常态化教研聚焦学科教师解读与建构教学内容的技能、设计教学的技能、课堂实施的技能、教学评价的技能的培养和习得，从而帮助学科教师更新教师观念，提升教育教学能力。因此，成果展示环节就显得特别重要，不管是方法策略的显性成果还是课堂具体运用的隐形成果，都要通过此环节得以凸显和积淀。

二、展示形式

成果展示环节要求各学科各小组遵循以下原则：①每个教师要在小组长的带领下，参与小组讨论，修改完善内容，设计展示形式。②小组展示成果时，参培教师要认真聆听，或点评或建议，让每一个小组的研修成果臻于完善。

（一）课堂展示

说上评是传统的教学教研的方式，它主要采用教师口述的方式直观清晰地呈现执教者的教育理念、学科思想、课堂教学的真实场景。成果展示环节的说上评是教师在经历个人备课、诊断示范、研课磨课后小组的深度思考和集体智慧，可用微课例、微案例、微故事展示研修成果，也可创新形式，创意表达。

1. 上课

教师教育观念的转变，教学技能的提升，最终要通过课堂来体现。在成果展示环节，最难操作也最能看出教师是否凸显培训主题、内化教学技能的就是上课。此时的上课，可以是整节课的展示，也可以是片段课的展示。无论采取哪种上课方式，都意在展示对本次培训主题的领悟和运用。

在常态化教研中，很多学科为了让参培教师有更多展示的机会，将之变成了微格课，也就是说通过 10 分钟或者 15 分钟的时间，展示与该次培训主题相关环节。下面，列举小学语文学科帮助参培教师解读与建构教学内容的技能时采用微课推送的方式进行成果展示的片段。

案例 6-5：常态化教研中，微课展示感悟

抓住机遇，勇敢展示

身处乡镇学校，我常常觉得自己的接触面与见识都太少，对教学的思考极为狭隘。而区域常态化教研却给了我许多收获与成长，特别是磨课以后的微课展示，让我学会了如何去解读与构建教学内容，学会了勇敢地展示自己，让自己快速成长。

本期第三次教研活动，分水学校胡小辉老师承担诊断课任务，她执教了识字教学课《蜘蛛开店》。在观课之后，我们立即听取了专家讲座，并根据讲座中学习到的识字教学构建目标与方式，针对胡老师的教学开始了评课与磨课。在评课的过程中，我们认为胡老师这堂课的重难点突出，但识字的趣味性不强，与生活联系不够紧密，缺乏延伸拓展。因此，大家针对这一点开始了磨课。在磨课的过程中，我向成员们建议用简笔画的方式帮助学生认识"店"字。大家都认为可行，便立马对这一想法进行扩充与梳理，整理成稿。

到了微课展示的环节，老师们推荐我上台展示。我立马将我们组设计的微课展示在组内进行演练，老师们则细致、严谨地对我的展示细节之处做了一一指正。最终，在我反复试练几次后，轮到我们组上台展示了。拿着话筒，望着台下老师们期待的眼神，我顿时勇气倍增，大胆开讲。

老师们，你们好！《蜘蛛开店》一课的教学，我们组打算这样展开：

首先，我将设计这样的情景导入：今天，森林里的一只小蜘蛛开了一家店，我们一起去看看吧！

接着，我将创建三个环节："读一读""认一认""写一写"，进行随文识字。

接下来，我主要谈一下"店"字的认识：

第一步，教师可以这样说：大家快看啊，这里有一座房子（简笔画：商店），里面在卖袜子、口罩……这就是蜘蛛的店（写"店"字）！

第二步，学习"店"字的拼读。

第三步，拓展"店"字的组词。此时，教师可以一边画一边带领学生进行组词拓展：我们走进店铺，发现卖花的店（简笔画：花），叫作……；卖药的店（简笔画：药），叫作……；卖衣服的店（简笔画：衣服），叫作……。店里的成员有……。

第四步，请学生看着图，自己对自己说：

卖……的店，叫作……；卖……的店叫作……；……

店里的成员有：……

以上是我们组针对"店"字学习的设计，谢谢大家！

怀着紧张而激动的心情，我完成了这一次微课展示。在这一次的微课展示里，我不仅将"店"字的解读与教学进行了梳理与内化，也学习到了很多细节处理的经验，更意识到了只有不懈努力，珍惜每一次机遇，敢于抓住机会，展示自己，才能让自己成长得更快！

（江阳区白马学校　黄茜）

2. 说课

成果展示环节的说课，和过去的说课相比，有差异也有相同之处。差异在于它更多的是课后说课，是将小组围绕主题研讨的结果通过说的方式展示出来。共同点是都是依托课堂表现，让课堂教学从经验性的自发走向理论性的自觉，需要教师根据主题讲述课堂的目标达成、设计与实践之间的差距、课堂的改进设想等，让参培教师感受到培训主题在课堂中呈现的方式和背后的原理。

案例6-6：参培教师说课稿

鲁教版九年级化学上册第三单元第二节《元素与元素符号》说课稿

一、教材分析

"元素"是初中化学"双基"的重要组成部分，元素的概念是初中化学的核心概念之一，将"元素"这一课题放置在这个位置有着承上启下的作用：在此之前学生已经学习了原子和分子，初步建构对微观世界的认识，对元素一词和元素符号也有初步的认识，为过渡到本节内容奠定基础。本节内容将带领学生从宏观角度认识物质的组成部分——元素，深度剖析元素这一概念，将微观构成与宏观组成联系起来分析解决问题。为之后元素周期表、化学式及化合价的学习提供坚实基础。

二、学情分析

知识方面：这一阶段的学生具备了简单基础化学知识，对微观构成有较为清晰的认识，接触过"元素"这个词，但对其概念和含义依然陌生，很难将宏观与微观联系起来共同分析问题。思维方面：思维由具象过渡到抽象，但是抽象思维能力还有待提高，对抽象性理论性知识的理解较为困难。心理方面：初三学生初识化学，有很强的好奇心与求知欲，能够积极面对各种挑战。

三、学习目标

根据学情和课程标准的要求，确定本课时的教学目标为：

（1）了解元素的概念及其含义，学会元素符号的正确书写，逐步识记一些常见的元素符号。

（2）通过对元素知识的自主探究学习，联系地壳中元素的含量，加深对元素概念的理解。

（3）通过元素符号的学习，初步形成"宏观-微观-符号"三重表征的化学思维方式。

结合教学目标与本节学情，我确定本节课的学习重点为：元素概念的形成，元素符号的书写和含义。因为元素的概念较抽象，容易跟原子混淆，所以我确定元素的概念为本节的难点。

四、教法学法

基于上述分析，结合学生的实际情况，借助多媒体，使用以下教法：启发教学法、分析教学法、集体讨论法，充分调动学生的主动性和积极性，让学生热情、活泼地参与整个教学过程。同时倡导学生自主学习、合作学习和探究学习的学法。通过探究、发现去习得知识和技能，唤起学生学习的意识，培养学生自主、合作学习的精神。

五、教学过程

1. 设计思路

以生活广告引入激发学习兴趣；以知识的构建为主线，将问题融入情境中，穿插化学与生活的联系，通过问题启发和资料阅读、模型构建等，学会解决问题，挖掘其中蕴含的化学知识，强化学科素养。流程图如下：

知识线：创设情境—元素定义—元素分类与符号—元素符号的含义—元素含量与作用

情感线：元素在地壳中的含量—元素在不同条件下的含量—元素对身体的影响（重视身体健康）

学科素养线：微观—符号—宏观

2. 教学过程（以活动元的形式体现教学过程）

活动元一：创设情境，引入新课

播放哈药六牌钙加锌广告，提出疑问：广告中的"钙""锌"指的是什么？分子、原子还是其他？通过学生熟悉的生活情境，初步制造认知冲突，体现出化学教学的价值所在，从而激起学生的好奇心与求知欲，让学生带着问题走进课堂。

活动元二：自主探究，理解概念

（1）分小组观察水、氧气、二氧化碳分子的球棍模型，思考构成的微粒名称。

（2）分小组拆分上述三种球棍模型，再将拆分出来的原子进行分类。

（3）成果展示：展示学生的分类成果，引导学生总结出元素的初步概念。

（4）分析两组表格，让学生通过分析发现规律，从而进一步完善元素的定义。

（5）朗读元素的定义，勾画重点词语。

（6）练习：判断正误。

①水是由一个氧元素和两个氢元素组成的。

②二氧化碳中有碳和氧两个元素。

③水是由氢原子和氧原子构成的。

④一个水分子是由2个氢原子和1个氧原子构成的。

设计意图：借助模型，将抽象概念具体化，让学生在拆分的过程中动手动脑，完成概念的建构；通过表格分析，完善元素概念，同时提高学生分析能力；以练习题评价学习情况。

活动元三：合作学习，元素分类与表示

（1）小组讨论：观察元素周期表，从汉字的偏旁特点出发对元素进行分类。

（2）小组讨论：分析、总结元素符号的书写特点。

（3）教师总结元素符号的书写规律："一大二小"。

（4）小游戏：速记元素符号。

设计意图：以小组为单位开展自主探究学习，可促进学生思维发展，让学生体会成功的喜悦；小组通过游戏的方式，既能调节课堂气氛、加强知识的记忆，又能释放学生紧绷的思维，更有利于后续重点知识的接受。

活动元四：含义分析，层层深入

（1）思考：H元素符号所表示的意义。

（2）小组讨论：以常见的元素符号为例，讨论其含义，总结出元素符号的含义。

（3）教师总结：任何一种化学用语，都要从宏观与微观两方面来理解其含义，元素符号也不例外。宏观上表示一种元素，微观上表示该元素的一个原子。

（4）练习：指出下列符号所表示的意义：O；2O；10N；Al；Ar。

设计意图：由个例到普遍规律的探寻，能够使学生的知识构建更具有主动性，理解更加深入。同时有利于学生将微观构成和宏观组成联系起来分析问题，初步形成"宏观-微观-符号"三重表征的化学思维方式。适当练习以巩固知识。

活动元五：元素与生活

（1）展示地壳中元素含量的分布图，以谐音记住前五种元素：养龟于铁盖（氧、硅、铝、铁、钙）。

（2）知识拓展：补充讲解人体、海洋不同情况下元素的含量。

（3）回归引入新课时创设的情境，解释"钙""锌"是指元素，并讲述元素对人生命活动的重要意义。

设计意图：问题的解答，使得整节课前后相互呼应，既让学生明确了元素的定义，又通过元素的重要利用加深对元素的认识。与生活健康的紧密联系能让学生从化学中回归生活，在生活中发现化学的魅力，提高学习的兴趣。

活动元六：总结归纳，升华课堂

学生自主交流分享本节新学到的知识内容，引导学生完成思维导图的构建。构建的过程能够帮助学生梳理本节重难点知识，将知识脉络清晰地留在学生的脑海中。

六、设计理念和亮点

本节内容的设计重点突出"以教师为主导，以学生为主体"的新课标理念和基于学生化学核心素养的培养。所以在本节教学中我设计了多次学生活动，分别涉及模型探究、图表材料分析、文字材料归纳及含义总结，在活动中充分调动学生的积极性，使全体学生一个不落参与课堂，同时培养学生自主解决问题的能力。教师阶梯式问题的引导，更能激发学生的深层次思考。同时其中穿插了一次游戏活动，活跃课堂气氛的同时加速对知识的记忆。本节内容的学习，将宏观组成和微观认识结合在一起，形成"宏观-微观-符号"三重表征的化学思维方式，真正能解决化学问题，提升化学核心素养。

（高新区中学　王旖萱）

3. 评课

成果展示环节的评课，既有参培教师对同伴的评课，也有研究课团队对参培教师的进一步指导。不论评课者是谁，都要展示他以及他所在团队对培训主题运用于课堂的具体实践。

在初中历史常态化教研中，就如何培养初中历史时空观念，教研员欧阳菊在成果展示阶段这样总结。

案例6-7：初中学生历史时空观念的培育思考

初中学生历史时空观念的培育思考

初中学生历史时空观念的培育要关注以下四个维度：

1. 阅读教材，回归时空

新的统编教材按通史体例编写，七年级的教材本身就突出了学习内容依据历史的发展线索循序渐进地展开，使学生在掌握历史事实的基础上理解历史发展的过程，在学习过程中建立时序意识和时空概念，帮助学生初步获得对历史发展的整体性认识。首先，反复阅读教材，特别是阅读教材的目录，是学生建构准确的时空观念最直接也极其有效的方法。其次，反复阅读每个单元的主题叙述，突出每个阶段的主要特征。让学生回归时空时，既有点的时空对应，更有段的时空架构，从而形成链接弹力型时空网。在这张网中，通过回归作者所叙述的那个时代和回归作者所生活的时代的双重视角观察历史，追问历史。

2. 精研地图，共情时空

在重大史实的地图位置标定上，统编版教材七年级的路线图翔实完整。例如张骞出使西域，如果粗看地图，学生对西域的位置感知较为模糊，对后来汉王朝对西域的经营不易理解且印象不深。通过精看《张骞出使西域路线图》，它准确标明祁连山、玉门关、阳关、楼兰、龟兹、于阗、安息等地点和注释，跟着这幅路线图，随着空间移动，西域的空间区域具体又明确，师生在时空流动中，让汉代张骞通西域的历史"活"了过来，呼应了《房龙地理》开篇扉语：历史是地理的第四维，它将时间和意义赋予了地理。学生有了清楚的中亚范畴和世界视野。进而细品《丝绸之路线路图》，它完整地绘制出敦煌、疏勒、大宛、乌孙、康居、塞琉西亚和大秦在中国汉代时的东部轮廓，以及地中海的位置，恰如吕思勉所述："西域是西洋文明的传布之地。西洋文明的中心希腊、罗马等，距离中国很远，在古代只有海道的交通，交流不甚密切，西域则与中国陆地相接，自近代西力东渐以前，中西的文明，实在是恃此而交流的。"通过观图、析图、绘图、默图，共情于这条路上的人、物、力量交互，发育出学生的问题。

3. 设计问题，理解时空

学生时空观念素养的发展，绝不是取决于对现成时空框架的记忆，而是要在解决学习问题的过程中自发地运用时空素养理解历史，在说明自己对学习问题的看法中解释历史。教师在课堂中的有效、有价值的提问，是提升历史思维、示范启发问题意识的重要保证。如《丝绸之路线路图》提问，汉朝时可控的西域边界及其变化。今天建立亚欧新丝路，必须考虑哪些因素；依《元朝交通路线图》，元时中国西北方面交通情况及中西文明接触后的影响；据《郑和下西洋路线图》，西太平洋与印度洋之间的亚非海上交通线是如何开创的，21世纪海上丝绸之路倡议较郑和下西洋有哪些重大发展等。

4. 学生发问，探究时空

在深化课堂改革中，优化教学氛围和师生课堂样态，在宽松、对话、倾听的氛围中，让学生敢于充分表达自己的见解。这种表达非常关键的是经过深度思考的质疑与辩证。教师还应该指导学生掌握一些确定问题的基本方法：如因果型提问、比较性型提问、曲向型提问、质疑型提问、联系型提问、实践型提问等。

总之，时空素养的落地，离不开历史课堂对其问题意识的耕耘，最终达成学生独立地构建、理解和运用"时空"的目标，学习历史，喜爱历史。

（江阳区教研培训中心　欧阳菊）

（二）案例展示

江阳区常态化教研聚焦课堂展开教师教学的四大技能，通过不同学科团队对该学科教师每一项技能的培训和培养，聚力逐渐改变教师原有的教学模式，从而运用新的理念和方法教会学生学会学习。这就像修建一座房子一样，一节好课是房，四大技能是房之栋梁，常态化教研是淬炼砖的窑，成果展示是即将成型的砖，砖的逐渐累积才有房的完美呈现。

前面我们已经介绍了老师们在常态化教研中采用说上评的方式对标展示他们通过主题培训获得的新的教育理念、课堂技能以及课堂教学的真实场景。除此之外，他们还通过课例、案例和故事来固化培训成果。

1．课例

课例，相对于上课来说，它的指向更加明确，也更具有针对性。它是围绕培训主题揭示教学中存在的问题，通过问题研究，找出解决的策略，从而提升教师的教学技能。这是常态化教研中老师们经常采用的方法。

案例6-8：微课课例分析

八年级历史《城市经济体制改革》的微课设计与实施

设计意图：

城市经济体制改革是八年级下册第8课《经济体制改革》的内容难点之一。这一内容是改革开放政策的实践探究，是经济体制改革的重要组成部分。但体制改革，学生很难理解和内化。因而在教学中，老师们要么避重就轻，要么讲得过于晦涩烦琐，实际效果不理想。

经过多种资源的选择和呈现方式的比对，最终选择微课方式，借助图文和史实等探析城市经济体制改革之因、改革之策、改革之果，意在让学生清晰地认识到随着时代的进步与发展，旧的经济体制不符合新的发展需求时必须通过不断改革才能更好地发展。改革是推动发展的动力。

设计方案：

教师讲述：党的十一届三中全会后，随着农村改革取得突破，城市改革逐渐成为重点。1984年10月，党的十二届三中全会通过《中共中央关于经济体制改革的决定》，这是一个推进经济体制全面改革的纲领性文件。这标志着改革的重点开始从农村转向城市，经济体制改革全面展开。城市改革是从简政放权、扩大企业自主权开始的，其原因为何呢？我们一起去看一看当时国有企业的状况。

一、探改革之因

活动一：图文呈现，教师讲述。在1978年改革开放前，中国没有外资企业，私营企业也很少，从1949年到1978年，中国实行计划经济体制，中国经济发展的主要依靠力量和推动力量是公有制经济，特别是国有企业。当时的国有企业有三大特征：

（1）铁饭碗：国家分配工作，干不好只能调走，绝无失业之忧。

（2）铁工资：工人干多干少一个样，每月都能照样领取固定工资，平均主义严重。

（3）铁交易：政府给企业下达生产任务，严格规定产品的数量、品种、样式等，还负责企业的原料供应、产品销售等。企业只负责生产。

活动二：总结改革原因。这种"大锅饭""政企不分"的局面，严重压抑了企业和广大职工群众的积极性、主动性和创造性，使企业丧失了自主权和活力。因此也限制了企业的发展，进而阻碍了城市经济的发展。

教师讲述：城市经济体制到了非改不可的地步。1984年，福建曾有55位企业家联名上书省政府要求"松绑"放权。他们开启了改革的先声。

教师讲述："松绑的呼声"很快在全国上下赢得共识。当年5月，国有企业开始踏上突破计划经济体制束缚的改革之路。"松绑的呼声"作为重要标志性事件载入国企改革史册。

二、寻改革之策

活动三：观看视频短片《国有企业改革》，思考城市国有企业改革是从哪些方面开展和进行的？有何积极意义？

学生根据视频结合教材知识归纳知识要点。提示：分配制度、经营权、所有制结构等这些措施提高了职工的积极性、主动性和创造性，增强了企业的活力。我国城乡经济出现了崭新局面。

教师讲述：改革开放深刻改变了中国和中国人民的命运，我们是改革开放的同行者、见证者、受益者。沧桑巨变，成就辉煌。

三、享改革之果

活动四：图片配乐展示现代化城市和现代企业的发展建设图片，"一带一路"建设中的参与企业与城市，以及我们生活中的吃、住、行等图片，让学生感受我们在共享改革成果。

四、悟改革之理

教师设问：通过学习，你有何启示呢？

提示：改革可以让企业充满生机活力，改革能促进发展。

小结：只有顺应历史发展，积极应变，主动求变，才能与时代同行。城市经济体制的改革，是一次顺应时代需求的伟大实践，它调动了人民的积极性，增强了企业的活力，促进了国家经济的发展，提高了人民生活水平。实践发展永无止境，建立现代企业制度，我们的改革道路还很长。

教学反思：

本微课以了解城市经济体制改革的原因、解决问题的对策以及带来的影响为线索，通过材料的辅助帮助学生加深对城市经济体制改革的认识。为了保证学生对改革认识的丰富性，采用的文字材料较多，材料的取舍上还需要多思考。教学设计的新颖性还要下功夫。

（江阳区石寨学校　吴冬琴）

从石寨学校吴冬琴老师提供的课例，我们可以知道，在初中历史常态化教研培养教师教学实施技能时，吴冬琴老师采用的是"设计理念+教学过程+自我反思"的呈现方式。这样的呈现方式，便于执教者和听课者厘清为什么上、上什么、如何上的问题。

2. 案例

案例相对于课例而言，更像是经验的总结和提炼。它是针对培训主题，从现实问题出发，概括多节课例来集中分析一个问题，从而找到解决问题的方式。一般情况下，主要采用"背景+问题+案例描述+评析及问题解决"的表达方式。

案例6-9：参培教师展示交流发言稿

从重"教法"到重"引法"的蜕变

一次培训便是一次成长。从观念浸润到课例示范，再到方法指导和实践操作，常态化精研细培，让每一个参培老师都可以慢下来、静下来，踏踏实实地学习，认认真真地实践。

还记得谭俊兰老师的示范作文课，提出了"为学生搭桥梁"的教学方法。在李芝伦老师的专题讲座中，我们明晰了作文不是靠讲出来的，更不是靠教出来的，而是立足学生的生活经验，在学生的生活和习作之间搭建一座桥梁，引导学生跟随思路去创作。

我如醍醐灌顶，明白了习作教学的核心，我们小组也开始探索作文导学单的开发，意在集中大家的智慧，真正引领学生我手写我心。

随后在小组讨论交流时，我们组根据前期培训的作文专题，针对三年级上册《语文园地六》的表达练习内容进行了表达练习单的设计。原内容非常简单，只给出了两个句子。

> 用下面的句子开头，试着说一段话：
> 车站的人可真多……
> 我喜欢夏天的夜晚……

许多学生面对这样的学习任务都表示很茫然，现在私家车居多，短途出行时，孩子们的出行方式以私家车为主，学生们对车站的印象不深。如何调动他们的生活经验，让他们在此次说话表达中"有话可说"成为我们要解决的第一个问题。

于是，我们以教材上这句简单的话为本体，结合班级学生实际情况，进行了"搭建桥梁"的教学设计。

> 车站的人可真多……
> 抓住"人多"的特点，可以从数量、声音、动作、感觉等方面展开描述。
> 抓住"人多"的特点，可以从远看、近看两个观察角度进行描述。
> 抓住"人多"的特点，可以用上夸张、比喻、排比等描写方法进行描述。

在这张表达练习单中，老师以"人多"为核心，为学生搭建了"有话可说"的桥梁，并从方法上进行了指导。最后，许多学生不仅能够丰富地把"车站人多"的场面说出来，还尝试着写了出来。于是老师们又根据研究的内容，进行了新的表达练习单设计。

> 我喜欢夏天的夜晚……
> 围绕"喜欢"的情感特点，可以从夏夜里人们喜欢干的事情、夏夜里的声音及夏夜里看到的景象等方面进行描述。
> 夏夜喜欢干的事情，如：散步、乘凉、讲故事……
> 夏夜的声音，如：蛙鸣、蛐蛐声、风吹动树叶的沙沙声……
> 夏夜里看到的景象，如：萤火虫、明亮的星星、黑漆漆的树影、路灯……

　　第二次孩子们说得更丰富了，展示也更主动了。老师们开始加大难度，尝试着提出写一写的要求，没想到孩子们非常积极，效果也很不错。有学生这样写道：

　　"有时我会轻轻走进树林，看小昆虫开音乐会。萤火虫努力发出光芒，想要舞台更加明亮，帅气的青蛙歌手唱着欢快的歌曲，蛐蛐的歌声也十分好听。我抬头一看，星星在鼓掌。我再仔细一听，风吹动树叶的沙沙声像在为音乐会喝彩。我慢吞吞地向前走，黑漆漆的树影在皎洁的月光下朦朦胧胧，像披上了一层轻纱。树林旁一列列的玉米代表着农民丰收的喜悦。"

　　这是儿童想象的翅膀在夏夜的飞翔，这是他们真实情感的流露！

　　以常态化教研为起点，我们小组的老师们越来越喜欢带着孩子们做一些探究式的学习，逐渐将以往老师唱主角，以"教法"为主的教学模式，改为"重视学前预习—课堂探究学习—课堂检测巩固"的"引法"式教学模式。这样的学习征途还将继续，这样美丽的学习之旅依然在路上。

（泸州附小城西学校　王静）

　　3. 故事

　　在江阳区常态化培训中，涌现出了很多动人的故事。有挺着大肚子坚持参加培训的准妈妈，有带着哺乳期的孩子一块儿培训、为孩子树立榜样的妈妈，有临近退休仍申请上诊断课的老教师，还有亲自上示范课的校长……

　　案例6-10：校长承担示范课

承担示范课的"一把手"校长

　　"这次常态化教研示范课教学真是一场学习的盛宴，特别让我感动的是有机会观摩久闻大名的校长们的示范课堂，让我收获的不仅仅是教学的技能，更是一种奉献教育的情怀"，初中数学参培教师在学习感悟中这样写道。

　　片段一：泸南中学四楼会议室，磨课活动正在如火如荼地进行，执教者是泸南中学校长张建军。他的课朴实，关注细节，面向全体，不让一名学生掉队的理念贯穿教学的每一个环节。课后，张校长微笑而谦虚地希望大家多提宝贵意见。大家畅所欲言，张校长不时地点头、记录。时间过得很快，两个小时的磨课活动让老师们收获了太多太多。

　　片段二：十五中的白成贵校长早早地来到南城学校安装几何画板软件，他将为学员们带来期末复习示范课教学"平行四边形的复习"。这位一直坚守教学一线的校长，用务实严谨的课堂诠释如何落实"四基四能"，培养核心素养。结束研课任务的白校长不久又踏上了盐源送教的征程。在他的身上，我们读懂了"好校长更是好老师"的深刻内涵。

片段三：时而高亢，时而舒缓，希沃一体机的手写、批注、蒙层、投屏等功能运用自如，一节课就像一首美妙的乐曲，流淌着激情与灵动，这是泸州七中李强校长的示范课课堂。李校长工作繁重，每天两个校区来回奔波。常态化教研，学员的需求让他义不容辞走上讲台，短短的四十分钟见证了一位智慧校长的责任与担当。

"一把手"校长上示范课是初中数学常态化教研的一道靓丽的风景线，校长们的人格魅力、教育智慧、课堂教学艺术深深感染着每一名参培教师，不忘初心，在教育的追梦路上，他们是真正的领航人！

（江阳区教研培训中心　王晓兰）

师德，从来不需要说教，榜样就在我们的身边。在常态化教研中涌现出来的关于教师师德、态度、理念转化的故事就是最好的素材。我们把它们提炼并讲述出来，能够荡起情感的涟漪，温暖、激励每一个参加教研活动的人。

案例6-11：老教师承担展示课

最老学员，最高学习力

他是小数四班年龄最大的老师，58岁；他是江阳区最偏远乡镇一名村小教师；他是最早主动报名上课的老师张春远。

第一次组织展示微格课时，他虽然对此毫无概念，但在交流时积极献计纳策，当他们小组教师上台展示时，他认真倾听，虽然他的老式手机不能进行录像，但他在研修手册上用黑、红两种颜色记录下密密麻麻笔记，生怕落下一个细节。

第二次微格课展示时，他第一个主动要求展示。下来后，他对我说："我年纪大，记忆力差，脑子不灵活，对电脑操作也陌生，只能比别人用更多的时间去学习。但我愿意去尝试，我觉得区域常态化教研让我很充实，很快乐。"

本期教研活动即将结束，张老师主动打电话要求再上一节研究课。上课当天，没有多媒体课件，没有花哨的学具，有的只是一支粉笔，一块陪伴他几十年、边缘已被磨圆的小黑板。他用最朴实的方式给学生上了一节小数的加减法。他说在他退休之前，一定要上一节区级公开课。

（江阳区教研培训中心　彭燕）

像这样真实感人的故事还有很多，它悄悄演绎不同学科的常态化教研现场。当这样的故事通过一张张照片、一个个小视频在成果展示环节流淌时，它浸润了老师们的心，温暖了区域常态化教研的路。

（三）资源展示

江阳区的常态化教研，还承载着学科教学模式的建构和学科资源库的建设这两大任务。每一次成果展示时，研究课团队都要有意识地追问教师针对培训主题，利用了哪些资源，构建了何种模式。这样的追问，在为后期系统地构建学科教学模式和学科资源库做着准备。

案例6-12：初中语文学科依托常态教研开发教学资源

依托常态教研　开发教学资源

——初中语文学科教学模式和教学资源建设探索

初中语文学科依托常态教研，积极构建教学模式，开发教学资源，成为江阳区常态化教研的特色菜之一。

一、依托常态教研构建教学模式

常态化教研通过年轻教师诊断课、骨干教师示范课、参培教师展示课等课堂教学，以及评课议课、研课磨课、专家点评等，针对不同阶段、不同内容对教学的不同要求，研究课团队引领参培教师构建相应的教学模式，如阅读教学的"'三四三'自导式阅读教学模式"，又如复习教学的"'三环五步'自导式复习教学模式"，以及作文教学的"'读写结合'自导式写作教学模式"，并在常态化教研中展示、分享与探讨。这为根据教学内容和学校课改构建具有学科特色的初中语文学科教学模式群奠定了坚实的基础。

二、依托常态教研开发教学资源

初中语文学科常态化教研每一次都围绕一个主题务实开展活动，研究课团队引领参培教师群策群力，积极开发教学资源。如根据"教学内容建构"主题开发出教学内容建构、课文深度解读、"1+X"（1是课内文章，X是课外文章）群文选读等案例，根据"教学设计"主题开发出七、八、九年级阅读、作文与综合性学习的教案、学案和课件，根据"教学实施"主题开发出教学实录与课例点评，根据"教学评价"主题开发出教学评价量表、教学评价方案等。这些资源都在常态化教研中充分展示，相互探讨，不断地修改完善，为江阳区初中语文学科教学资源库建设做了前置性准备。

（丹林中学　朱祥群；江阳区教研培训中心　张远成）

第七章　总结提升的实施

　　总结的本意是总的归结，是团队或个体对某一阶段的工作、学习或思想中的经验或情况进行回顾检查、分析评价，从而肯定成绩，得到经验，找出差距，得出教训和一些规律性结论的活动与过程，也指得到的结论；是对已经做过的工作进行理性的思考，要回顾做了些什么、如何做的、做得怎么样。总结可以帮助我们更有效地完成之后的工作，通过回顾梳理形成直接与间接经验、成功与失败经验（教训）、具体与基本经验，有效地帮助我们成长。总结提升，是指导学习、工作等告一段落时，通过回过头来对所做的工作认真地分析研究，肯定成绩，找出问题，归纳出规律性的经验和教训，提高自身认识，明确改进与优化的方向、途径、策略，并把这些内容用文字表述出来，促进工作优化。总结既是对自身社会实践活动的回顾过程，又是提高思想认识的过程。教学技能培训的总结提升，是教师个体或群体，在学习、实践基础上的总结，使自己对教学的理解更深刻、认识更科学，教学观念得到及时更新，教学理论更深厚，教学技能更熟练，教学资源更丰富，教学方法更先进，教学效能更高精。

　　美国管理学家戴明提出的 PDCA（戴明环）理论，将工作的实施分解为 PDCA 四个环节：P（plan）——计划，确定方针和目标，制订计划；D（do）——执行，实地去做，实现计划中的内容；C（check）——检查，评估执行计划的结果，分析产生偏差的原因；A（action）——处理，对检查的结果进行处理，成功的经验加以肯定并推广，失败的教训加以总结，以免重现，未解决的问题放到下一个 PDCA 循环中去解决。

　　教学技能培训的总结提升即其中的第四个环节，是为了知其然和所以然，把零散的、肤浅的感性认识上升为系统、深刻的理性认识，形成经验成果，将实证有效的做法固化为工作流程与标准，有效地促进内化，巩固学习、实践成果，帮助教师改正缺点，吸取教训，使其今后的工作少走弯路，优化工作，提升绩效。通过总结，总结出的经验被推广、教训被引以为戒，会在更大范围内发挥作用，对于促进团队和区域工作的改进，具有重要的现实意义。同时，在经验教训基础上提炼出的典型案例、经验成果，将对本领域的理论研究提供支撑和帮助。

学习与实践是成长的最佳方法，在这个过程中能否总结、反思、归纳，并最终内化成自己的思维和方法体系，是决定一个人能否有效成长的关键。就教学技能培训而言，总结提升的主体有参培教师、各中小学、培训与指导团队、区县研培机构或项目办等，其行为贯穿于全过程。这里所说的总结提升，仅指具体到每次培训活动的最后一个环节——参培教师的总结提升。

第一节　总结提升的目标与内容

教师教学技能培训活动的总结提升，是指参培教师、培训团队、中小学校，通过回顾、检查、评估参培教师参与学习活动、完成学习任务、达成学习目标的情况，明晰思想认识、教学技能有什么提高，教学与学习行为有哪些改变，所学联系实际解决了哪些实际问题，客观分析差距不足，形成规律性认识和形成有指导意义的结论。总结提升的行为与价值见表7-1。

表7-1　总结提升的行为与价值

价值	小组成员	全班成员	全体学员
共享成果	通过总结、提升的过程，共享学习与经验成果	通过交流展示，分享、交流学习与实践成果	将学习与实践成果纳入全区或学校、学科组的资源管理系统
改进行为	采取措施，落实跟进，纠正当前学习与教学行为的缺陷或不足	通过相互协作、经验分享，促进教学行为改变	跨学科相互促进、激励，影响、触动，学习、借鉴
优化机制	深入反思，找到规律，优化学习与教学实施、改革机制	通过相互协作、经验分享，优化学习与教学实施、改革机制	区域性跨学科优化学习与教学的组织运作、流程、规范等机制

一、总结提升的目标

有些人经历了不少事，学习了不少内容，但问及他的收获、体会时却说不出多少东西，行为鲜有改变，工作绩效也不见提升。下次碰到同类事情时，感觉他还如新手一般，能力也不见长。而有些人"经一事长一识""吃一堑长一智"，经历一些学习与实践探索后，能力与绩效显著提升。

为什么会这样？关键在于是否及时、科学地总结，通过总结促进行为的改变和绩效的提升。大量的事实证明，学习与工作中，有总结和没总结的团队与个体，其收获大不一样。

总结提升可以巩固参培教师的学习效果，帮助参培教师、学校、培训团队总结经验教训，改进工作，同时为相互间的交流研讨提供内容和载体，优化、共享资源，促进区域整体提升。具体来说，总结提升是为了达成以下目标：

（一）增强专业发展意识

参培教师通过实施总结行为、经历总结过程，梳理提炼出取得的效果和有效的经验成果，特别是优势与特色，增强自信心和学习进步的动力；发现自己存在的问题与不足，产生查补漏洞的念头；通过交流、讨论、共享，发现别人的努力与效果，激发进取心；学习借鉴他人的学习行为与方法，改进学习方法与行为，优化学习习惯。

（二）内化学习实践内容

总结不仅是对一个阶段工作的总体回顾，而且是对过去工作的系统反思和深入分析。教学技能培训的总结提升，可以帮助我们进一步深入理解、内化学习内容，使经验教训条理化、理论化，有效地与原有知识、技能和经验整合，将所学与工作实际相结合，及时有效地改变教学行为。学习内容的内化主要体现在以下四个方面：

（1）形成经验。在诊断示范、研课磨课、成果展示的基础上，对学习行为及改进、教学技能及提升、教学行为及优化、资源建设及共享的学习与实践探索进行归纳与总结，分析所做事情和思路、方案、做法、技巧、创意、亮点，以及存在的问题与不足，在内化的基础上，形成可推广性与操作性强的经验成果。

（2）借鉴教训。在学习实践的基础上，对标诊断、反思自身的学习行为、教育教学行为，有哪些地方、哪些环节存在错误、疏漏与不足，归结到教学技能与行为、教学模式与资源等方面的成因是什么，哪些事情、哪些环节可以采用更好的办法措施，哪些技能可以通过哪些办法有效提升，找到提升专业水平、改进工作的有效措施，促进积极的实践探索。

（3）改进行为。对学习与实践进行"复盘"，对照教育教学效果和技能提升情况实证归因，归纳整理出优化教学技能、改进教学行为、提升教学绩效有效的具体做法，提炼出科学的规律，找出需要遵循的基本原则、思路、框架，为今后的学习提升和行为优化提供参考模板，改进工作、提升绩效。

（4）提高认识。通过总结提升活动，将学习与实践所得内化，有效地促进参培教师转变观念与认识，提升教学技能与能力，改变教育教学行为。

案例7-1：以目标导向设计教学实施方案

以目标导向设计教学实施方案
—以初中数学《立体图形的复习》教学设计为例

空间与图形的教学最终应该落实在"发展学生的空间观念"上。空间观念主要表现在：能由实物的形状想象出几何图形，由几何图形想象出实物的形状，进行几何体与其三视图、展开图之间的转化；能根据条件做出立体模型或画出图形……

通过参加教学技能专项学习，结合我在学习课程标准的基础上，进行教学目标设计：

（1）对立体图形的特征、表面积和体积的知识进行梳理，形成知识网络，利用表面积和体积的知识灵活解决简单的实际问题。

（2）通过猜一猜、选一选、想一想等活动，在猜想、判断、说理的过程中，复习图形知识，发展空间观念。

（3）通过灵活的练习形式，感受数学与生活的紧密联系，培养对数学的兴趣。

为此，我设计了如下的教学活动：

第一环节

（1）猜一猜：复习图形的特征，发展空间观念。

有3个立体图形，如图所示：从正面观察，它们可能各是什么形体？从左面观察，它们可能各是什么形体？从上面观察，判断它们分别是什么形体，并说出各自的特征。

（2）选一选：利用特征解决问题，发展空间观念。从下面的8个长方形中选出 6 个组成长方体。闭眼想一想，这个长方体什么样。

（3）想一想：这些立体图形是怎样形成的？——发展空间观念。在学生想象的基础上，教师用课件演示将平面图形平移、旋转形成立体图形。

第二环节

（1）试一试，写一写：复习表面积的相关知识，发展空间观念。在复习了表面积的概念之后，让学生试着写出每个立体图形的表面积，在选择、判断、说理的过程中再一次深化对特征的认识。

（2）想一想：每个图形什么样？有多大？（进而引出有关体积的复习）试着写出每个立体图形的体积公式，交流展示。

紧紧围绕"发展学生的空间观念"来安排每一个环节的教学活动，通过由几何图形想象出实物的形状，进行几何体与其三视图、展开图之间的转化，将课程标准中的"空间观念"落实在课堂上。教学目标的改变，使课堂呈现出不同的效果，对空间观念的领悟更深刻。

通过教学技能提升培训的学习与实践，我认识到：教学目标引领教学的方向，教学要使学生获得知识技能，而知识技能的学习过程要落实在数学思想方法的体会、领悟上，数感的增强、抽象概括能力的提高及空间观念的发展上。

（周永福第一实验学校　姚建伟）

（三）系统提升教学技能

教学技能培训前四次活动，分别就"教学内容建构、教学设计、教学实施、教学评价"四项技能，通过诊断示范、研课磨课、成果展示、总结提升四个环节，组织和指导参培教师学习、实践。在前三个环节，参培教师就相应教学技能提升、应用，进行了学习、实践。但整体来看，他们对这些内容的了解相对来说比较浅表化和碎片化，其认识处于感性状态，行为大多只是简单操作，还没有系统建构，更不够理性和熟练。

总结提升，是在前三个环节基础上的理性升级，能够有效地引导和帮助参培教师对标诊断、反思，在此基础上主动采取有效措施扬长拓展、查补不足，比较理性、系统地梳理、训练、提升和运用各项教学技能，养成优良的专业习惯。

案例 7-2：参培教师心得体会

专项培训，助我有效提升教学内容建构技能

2018 年 3 月至今，我参加了教学技能专项培训。回顾这次培训历程，

围绕培训主题，以识字教学、阅读教学、作文教学等课例，有学员的诊断课、送教老师的示范课，有学术班主任陈燕老师的"小学语文课程标准"解读，以及她分享的先进的教学理念和生动的案例，还有学员议课磨课。通过培训，收获良多！

本次培训中，个人觉得收获最大的还是如何提升作文教学内容建构技能。回校后，结合教学实践，我着重做了三方面工作：

一是解决学生想写的问题。教学中，改变了以前只由教师布置任务交给学生写作的做法。每次作文课前，围绕作文主题，利用课余时间与学生交流，了解学生想法；写作前利用谈话、故事等，激发学生的写作欲望。

二是解决写什么的问题。在了解学生想法后，根据实际需要，设置教学目标，教师和学生一起挖掘写作素材，让学生想写而且有内容可写。

三是解决写好的问题。在教学中，根据学生年龄段特点，提出不同写作要求；重视片段训练，为学生提供片段佳作赏读、片段仿写、交流评价；为学生提供写作模板，搭建写作支架等。

（分水岭镇中心小学校　张永久）

（四）优化升级教学模式

教学技能培训的第五次活动的主题是"教学模式建构与优化"，是对四项教学技能的整合运用和升级拓展。通过前面四次的培训，教师比较系统地学习了基本教学技能。通过第五次前三个环节的学习，教师对教学模式及建构有了基本的认识，并通过实践尝试建构新的教学模式，但大多停留在感性操作层面，没有上升到理性层面，缺乏深度和系统性。

为此，需要通过交流、讨论，相互借鉴、整合，结合相关理论和实证，对新的教学模式进行深入的分析、研究，对其科学性、实效性、可行性等进行论证和检验，在此基础上用准确、简洁的语言表述出来，再对照初始的设计和相关理论进行检验和修订，规范表述形成成果。

参培教师通过教学模式建构的实践，根据需求导向学习相应的教育教学理论，形成建模意识并指导行为改进，主动诊断、反思自己的教学行为，积极建构并优化教学模式。

案例7-3："教学技能提升培训"活动助推教学改革的深化

"提升技能、促进转变、完善模式"三维一体的教学改革推进模式

——以白马学校"双育"课堂教学改革为例

在我校推进"双育"课堂教学结构改革的过程中，我们抓住"教学技

能培训"这一契机，用务实有效的措施来提升教师教学技能、促进教学行为转变、完善我校课堂教学模式。

首先用《白马学校"双育"课堂教学改革评价表》，对教学技能不达标的教师进行量化的评价分析，诊断出他们在教学技能方面存在的问题，然后有的放矢地逐一解决。

对于教学观念与行为都比较陈旧、顽固的教师，则采用课堂效益和教学质量倒逼的方式，使其充分认识到自己课堂效益的低下、教学质量的不理想，从而促使他的教学行为产生转变，达到教学结构改革的要求。

每学期，我校都对教学结构改革的推进情况进行阶段性的小结。通过开展不同学科、不同课型的研究课、示范课和青优课竞赛，课改领导组认真找出其中的不足之处并进行反复地论证，同时邀请专家到校答疑解惑，最终得出修订模式的意见，科学地对模式进行更正、补充和完善。有效地保证了课改模式始终处于动态的发展过程中，避免了模式的僵化。

（白马学校　匡林彬）

案例7-4：数学试卷讲评课例

让每个学生都有收获

——关注个体差异的"三环自导"式数学科试卷评讲课设计

试卷讲评课原来的教学模式：

第一步，教师公布学生试卷答题情况：在学生试卷上标注出教师觉得学生能做对却答错的题，分发试卷时，逐一告知学生并要求修改。然后，指出本节课的学习目标。

第二步，学生针对教师在试卷上标注的错题，自主修改，教师巡视指导。

第三步，针对必须解决的题，逐题解析，要求人人过关。每题教学的具体过程是：读题—明确考点，出示训练题—小组互助、完成训练题；复习知识点—分项计算（抽原来错误的学生展示，师指点）—改题完整练习—变式训练—总结反思：错误点与知识梳理。

依照"三环自导"教学模式，修改为以下环节：

1. 第一环（学前）：明确目标，知晓方法，落实任务

（1）明确学习目标：①复习掌握幂、乘方、三角函数的运算，提高代数式的综合运算能力。②复习掌握通分、分解因式、约分等方法，学会分式的综合运算。③根据其他错题，复习掌握相关知识与技能。

（2）明确分组：教师针对学生的典型错题，将错同一道题的学生分在一组，分为3~4个组，每组负责弄清一道典型错题。如第一组负责第一道题，第二组负责第二道题，第三、四组学生这两道题已经做正确，则负责其他错题。

（3）明确合作学习方法与组织：①组内协作，分点突破：我会做哪一点，边讲解边书写怎么做。②即时质疑问难：都不会做的点，请教老师或邻组同学。③展示要求：合作完成纠错后，由一个学生板书，另外的同学准备讲解（考查知识点有哪些？存在的疑点是什么？应该怎么解决等）。

解说：学习目标前两点是全班都应该实现的，后一点则是灵活目标，因为有部分学生之前已经掌握了前两点知识，他们的错误点在别的更难的地方。这样的目标设置是基于学生个体差异，尽可能让他们课堂上都有事可做，都有收获，都有增长点。

2. 第二环（学中）：任务驱动，合作学习，展示反馈

（1）自主合作，探究知识（教师巡视解疑）。

（2）展示交流，反馈学情：每组推选代表展示。

（3）因学指导，明确知识：教师指导与评价，引导拓展（相关知识点的随机相似题和变式题练习）。

（4）反馈学情，个别辅导：检查了解正确率，视情况个别辅导（可以是老师辅导，也可以是组员辅导）。

3. 第三环（学后）：精准查练，分层要求，达成目标

（1）精准查练，分层要求。教师出示变式练习题，提出分层要求：①完成全班目标的变式练习题。②完成"我"的错题的变式练习。③完成一道"我"帮助其他同学的题（提升练习）。

（2）总结反思，构建系统。我的错误点是什么，相关知识与方法体系包含些什么，梳理、记录。

（高新区中学　胡跃刚）

（五）学会校本研修实施

通过教学技能培训活动，全体参培教师，特别是学校的教学管理者，对校本研修活动的组织与实施、教学资源的研发与共享，有了更深入的认识，并通过实践研究，提炼出具有可操作性的基本范式。

案例7-5：修订校本研修活动方案
如何有效地组织校本研修的"教学设计"活动

通过教学技能专项培训活动，特别是参与"总结提升"环节的实践，我加深了对"教学设计"环节的认识，梳理出校本研修活动中"教学设计"的四个环节，应用于学校的校本研修活动中。

一、"一稿"撰写初感知

全班学员在培训前研究教材，熟悉课标中学段的要求，通过个体的认知内化后形成自己独立的教学案（一稿）。教学案一稿是教师独立思考的结果，有个人对教材的解读、对学情的分析、对知识生长点的把握、对教学模式中各环节的设定，同时融入自己的教学风格，是独一无二的作品。

二、诊断观摩强对比

诊断课是教师个体的课堂展示，在观摩过程中了解设计者的设计意图及教师如何导、学生如何学双边活动是如何开展的。教师个人的知识素养、教学能力以及教学理念、教学风格等，都会在课堂教学中得到最直接的展示。"取人之长，补己之短""他山之石，可以攻玉"，将观课者到上课者的教学案进行对比，对教学技能的运用、教学理念的更新、教学手段的实施、教学资源的整合、教学难点的处理等方面进行对比优化。

三、评课议课促思考

评课议课是教学交流最好的手段之一，通过评课议课，教师可以就共同关注的问题展开研讨，交换意见，取长补短，从而促进教师教学水平的提升，促进教学质量的提高和评课者的专业素养、业务水平提升。专家点评深化认识，从零碎的、片面的感性认识到系统的、全面的理性思考，有效地促进了参与者业务水平的提高。

四、"二稿"修订得提升

二稿的修订是基于自己的研究、观课的思考及评课的碰撞活动后的深度思考产品。在教学的重点把握、难点的突破、环节的优化、问题的导引、习题设计的宽广度等进行调整后，有自己独特的风格，有同伴的启迪，有专家的点评、有上课者的前车之鉴，二稿设计是个体深加工后较满意的作品。

教学技能提升培训研修严格规范流程，同时投入大量的人力、物力、财力，在组织实施中融合个体感知、集体研讨、专家引领，促进教师深度思考，教师专业素养和业务能力得以提升和发展。

（高新区小学　冯蓉）

（六）优化共享教学资源

教学技能提升培训第六次活动的主题是"教学资源建设"，是对四项教学基本技能的拓展运用。通过教学资源建设的实践与反思，逐步增强参培教师的资源意识、资源开发与共享意识，逐步增强开发与共享资源的技能，优化资源建设行为，完善并不断优化教学所需要的资源。

案例7-6：构建学科共享教学资源库的措施

全组人员在现代教育思想的指导下，运用现代教育技术，根据目标任务，扬长避短，分工合作，进行学科教学资源库建设。

一、建立健全学科教学资源库建设的组织与制度

为保障工作的开展，学校成立了各学科备课组，内分为资源收集小组、教研小组、技术服务小组，明确各自的目标任务和交流、衔接要求。

二、宣传学科教学资源库建设的意义，营造积极的氛围

（1）召开工作会议。宣传资源库建设的意义、标准和要求，分解任务，明确目标与要求。

（2）个人深钻初备。备课组教师根据分工，对自己负责的相应内容进行深入钻研，发挥自己所长积极协同其他教师完成相应的任务，按"学做"模式"让学生自主学习、经历学习过程、触动内心世界、达成学习目标"的基本要求，设计出教学设计初稿，以及相配套的导学提纲（学案）、教学课件。

（3）搭建研讨平台。以校园网、校园QQ群和学科备课组QQ群为载体，配合常规的备课组活动，线上线下相结合，对教学资源的"三稿（教学设计、导学提纲、课件）"进行深入的研讨、修订，之后由主备教师再行修订后，提交给组内教师试用。试用过程中和结束后，各教师进一步修订完善，并与区内其他学校的教师交流共享。

（高新区小学 何丹）

（七）促进区域均衡发展

学校所有管理人员均为参培教师，全程参与教学技能提升培训的学习。参培教师通过全程参与，通过多角度的审视，加深对教师培训工作的理解，对校本研修的管理与指导进行反思，进而有效地发现问题，学习借鉴培训团队和兄弟学校的先进经验与做法，结合实际创造性地改进工作，促进区域办学水平的整体提升。

总之，教学技能提升培训的总结提升，是为了帮助教师个体与群体，在

学习与实践的基础上，将感性的学习所得理性、系统地内化，找出有效措施针对性地扬长避短，转变观念和认识，改进教学行为，优化教学资源，提升教学绩效。

二、总结提升的内容

（一）认识成果

1. 理论知识

教学技能提升培训的理论学习，主要有：在解决问题的任务驱动下通过网络查阅资料，研读课标教材、教育教学专著与业务刊物，聆听专家的培训讲座，关注同伴传递的相关信息等。这些知识大多零散而碎片化，需要结合学习的主题和解决的问题进行系统化的整合。

案例7-7：学习语文识字教学技能的心得体会

在教学技能提升培训的学习中，我有幸上了一节语文识字教学诊断课《田家四季歌》，接受了专家黄正萍老师的指导。在整个小班议课磨课的指导和帮助下，我仔细琢磨、反思，总结出了以下识字教学技能的学习心得。

一、准确把握重难点

要想上好一堂识字课，就要先把握好重难点。在新部编教材中，字有三类：见面字、二类字、一类字。分清楚每一类字的学习要求，我们才能对教学着力点做出准确的选择。

二、有效地组织游戏

游戏的组织要注意，既不能过多，让学生一直都在动，而没有自己的学习过程；也不能太少，让学生一直坐着，缺乏有趣的体验。游戏的选点既要贴合教学情境，又要使学生在游戏中达到我们的教学目标。特别要注意的是，在游戏组织以前，一定要设计好游戏的每一个步骤，并能用简练的语句清晰表达出来。

三、落实好每个环节

教学中的每一个环节都要在教学设计中仔细推敲，细化每一个步骤与语言，甚至要对每个课堂预设进行充分论证，从而保证教学实施的每个环节落到实处。

（白马学校　黄茜）

2. 他人经验

经验有两层意思，一是指亲身经历，二是指从生活中多次实践中得到的知识或技能。这里所说的他人经验，主要指通过观摩他人的示范课、研讨课，聆听送教专家或网络上的相关讲座，在研课磨课、成果展示阶段的交流研讨，以及自己带着问题向专家请教、与同伴交流，所获得的间接知识与技能，这些知识与技能，需要通过自身的亲身经历——实践、内化，才能转化为自己的经验。

案例7-8：教学要关注课堂生成

教学技能提升培训学习中，我听了五年级的口语交际之"劝说"一课。老师的课前交流、引入、目标要求等都做得比较连贯，教师思路很清晰，但是到了活动环节，要求学生分小组设计四个劝说场景。其中一个场景是：两个同学看见一个同学乱扔垃圾，于是上前告诉这个乱扔垃圾的同学这种习惯不好，对其进行劝说。谁知这位同学非常"顽固"，始终找些理由狡辩，两位同学最终劝说不成。眼看时间一分一秒地过去，老师也简单鼓励之后继续按自己设定的教案完成本节课堂。

"课堂教学不只是忠实地传授课程的过程，更是课程创生与开发的过程。"这就要求我们教师要根据课堂的变化重组课堂教学，而不是一味地按照课前的教案实施教学。面对课堂教学中临时生成的问题，老师要善于发现和捕捉住，从这个点出发重新组织课堂教学。比如针对这个"顽固"的乱扔垃圾者，老师可以马上组织全班同学重新分组讨论，怎样组织语言？用什么方法？找出哪些依据？……把这个同学劝得口服心服，而不是为了完成教学设计的四个活动而教学。教学生成不可预设，我们要运用教学智慧，机智地解决预设之外的问题。

（周永福第一实验学校　邓坤伦）

3. 认识感悟

通过学习、感悟，发现和把握教育教学规律，将经过实践检验的理论，以及坚持并经过实践检验确定成熟的做法，通过深入思考、分析、研究，总结提炼，内化为自己的认识，更新和升级自己的观念与认知系统。

案例7-9：参培教师心得体会

如何真正落实"关注学生"

关注学生已经成为大家的"共识"，不过，这个共识有很大程度停留在口头和计划、总结、文章中。通过这次"教学技能提升培训"四项教学基本技能的进一步学习，我对如何将"关注学生"落到实处，有了新的认识，并将这些认识成果渗透在教学活动中。

一是设计教案时，关注学习活动，而不仅仅是教学内容。教学中，结合教学内容，设计学生的如何学：自主学习时是在书上圈点勾画、旁批，还是在草稿本上计算，写下关键词等；小组合作时读、说、议等，谁做什么，谁先谁后；展示交流时，谁当代表发言，谁补充；组内互查时，谁查谁，查什么等。这样组织，才能有序，才能落实分层教学，关注全体。

二是在教学过程中，关注学习情况，而不仅仅是完成教学任务。关注教学任务的完成，会发现学生想不到、说不来，进度很慢，教师一着急，往往就自己讲。这样，剥夺了学生思考的权利，导致学生只会死记硬背，而缺少质疑的能力、创新的能力。教学目中无人，效率奇低，造成学生主体性的生成机制缺失。在教学中，我们要针对学生出现的问题，即时设计出引导他们思考的问题，组织他们讨论交流，让他们经历完整的学习过程，必要时才点拨、讲解，而不是急着把结论告诉他们。

三是组织展示交流时，关注不常发言的学生，而不仅仅是几个积极举手的学生。多数班级从低年级到高年级，举手发言学生人数呈递减趋势。原因之一就是经常受到关注的是几个积极举手的学生。他们思维快，性格外向，爱展示，他们一举手，老师就抽，还要求其他同学认真听。长此以往，导致许多学生思维锻炼缺失，积极性受挫，进而不再主动思考，甚至组内交流时也把发言的希望寄托在那些爱发言的同学身上，自己则沦为看客。因此，教师要注意根据问题的难易程度，有计划地要求不同层次的学生展示交流。

四是查练巩固时，关注不同层次的全体。蔡林森校长"从最后一名抓起"的提法，实质上就是要关注全部学生。让最后一名过关，在差异大的班级里，做起来很难。不过，如果你放过最后一名，那倒数第二名就会效仿，于是倒数第三名、第四名……我想，分层要求，完全可以实现另外一种"让最后一名过关"。虽然另类，但也传递出老师关心他、不放弃他的信号。不管是在"威逼"下学习，还是在"感召"下学习，只要最后一名都要学，那何尝不是一种成功呢？

（高新区中学　胡跃刚）

4. 创新想法

通过总结，选择长期影响和制约工作的重难点问题，科学把握未来可能出现的机遇与问题，注重转换思维方式和工作思路，找准创新的起点、创新点和突破口，整体与点面结合、理念与操作结合，形成优化工作的新思路、新设计，找到解决问题的新举措。

案例7-10：参培教师的收获

"教学技能提升培训"让我真正领悟了"新课堂"

在本次"教学技能提升培训"活动中，我作为数学科参培人员，感触良多，收获颇多。所有优秀的执教者都以课改要求为标准，将课堂教学提升到了一个新的高度。

在以往的"教师讲+学生听"模式下，许多学生的惰性和依赖性逐渐增强，总等着向老师要答案，而忽略了思考这一重要环节。因此，让学生"动"起来成为教学改革的第一步。通过"教学技能提升培训"学习，每一次磨课、上课、评课，无非都是一次打磨，一次淬炼，都展现出了每个执教者的亮点，让我对课堂教学有了更新的认识。

以"教学技能提升培训"为契机，我也在教学中尝试改变课堂教学方式，让学生带着问题预习，独立思考或者合作探究寻求答案。课堂上，学生展示自己的学习成果，教师再以"游戏式"的课堂教学方式让学生巩固练习，学生在轻松、活泼的课堂氛围中掌握知识，从而把枯燥、呆板的课堂教学变成灵活有趣的师生互动，不仅培养了学生学习数学的兴趣，同时也激发了学生的求知欲，体现了学生的主体地位。在此种模式下，学生的自主学习习惯慢慢养成，学习成绩也有所提高，课堂氛围欢快愉悦，适合学情，符合课改要求和目的。

（江阳区分水岭中学　王华）

（二）实践成果

实践成果，既包括系统的整体经验，也包括具体的点上经验；既有理论与认识层面的成果，也有实践与操作层面的举措。

1. 成功经验

在实证检测效果的基础上，通过复盘反思，找出学习、工作中的有效做法，提炼出规律性的东西特别是成功的启示，用于指导今后的工作实践，以提高科学性，避免或减少盲目、低效的行为，优化和改进工作。成功经验既包括理性的、系统化的经验，也包括感性的、具体化的实施行为。

案例7-11：参培教师学会提炼学习成果

我是如何提炼学习成果的

学习成果是学习的重要内容和思想，是学习的灵魂，在一次学习中的分量和作用是显而易见的。如何提炼学习成果？

一、初能探究学习，整理思考，习小成

我认真听取学习知识，把零碎的学习内容进行系统的整理，随时思考并进行有效的记录，再达到结构化表述。

二、进能变通运用，研究分析，有一得

我整理思考的学习成果，对比与吸收国内外相关的研究成果。通过材料的研究，提炼更为系统的学习成果，使学习成果具有一定的创新性与实践性。

三、终能深入浅出，知行合一，方大就

研究分析的学习成果，在自己实践中，加以改良，深入浅出。学习成果达到了能够多次运用或者能够成为别人的学习资料！我不断收集实践中的反馈，根据时代的发展，随时对学习成果进行有效的提炼，提升提炼学习成果的能力。

学习成果是提高学习质量的重要基础，提炼学习成果，是不断学习、整理、思考、实践的过程，是一个长远的工程。

（白马学校　穆世敏）

2. 失败教训

在学习与工作实践中，既有成功，也有失败与不足，失败与不足的教训，也是一种经验。

在实证检测的基础上，找出学习、工作实践中的差距、不足、失误和薄弱环节，分析归因，总结形成相应的警示、注意点，为今后的工作设计、实施提供前车之鉴，引导和促进我们做好相应的准备工作或防范举措，避免类似问题发生，少走弯路、少犯错误，优化工作绩效。

案例7-12：参培教师总结教学活动中的教训
教学设计与实施要把准学情

根据单元特点，我认为八年级下册 Unit 4 Why don't you talk to your parents? 的第二课时，即阅读课，应一方面让学生掌握知识点读懂课文，另一方面能让学生谈论与父母之间存在的问题，培养学生的实际问题解决能力，提高学生的学习兴趣。因此，我提前设计好教学环节，在完成阅读相关内容之后，设计了一个"我和我的父母实际存在的问题"讨论环节。我想这节课应该会贴合实际，受学生欢迎。

开始上课了，我满怀信心地走进教室。一开始很顺利，学生很认真地阅读课文，完成了教材相关任务。接下来，引入了讨论环节，先给学生三分钟自由讨论"我与父母之间存在的真实问题"。这个环节不顺利，很多小组根本没有进行讨论。讨论时间结束后，我就请同学们举手起来分享。此时，没有一个学生举手，大家都保持沉默。观察到这种情况，可以说，我这个教学环节失败了，我就用半开玩笑的口吻说："看来大家与父母的相处没有问题，老师真羡慕你们。"说完以后仍然鼓励学生举手。但仍然没有学生举手，后来我尝试跳过举手环节，随机抽了几名学生起来分享，但学生开口说的都是前几节课书上学到的例句。也就是说，他们分享出来的不是自己的实际问题，这一个环节仍然在重复上一节课的内容，没有达到我的教学目的：对学生的实际问题给出解决方法，从而延伸出我们在实际生活中应该多与父母沟通（communicate more with your parents）。也就是说，本堂课的情感目标达成失败。

教学技能提升培训活动中，我将这节课例提交出来与同组的老师们一起研讨。在教研员的引导下，结合对教学技能的学习，我终于明白了自己失败的原因：一是对学情把握不准，特别是没有考虑到农村学生内向腼腆、不愿意谈及自己的家庭和家人的特点；二是没有考虑学生英语基础还不能联系实际进行运用的现状；三是没有关注学生的情绪，缺乏情境的营造；四是问题过大，学生不知如何着手回答。

回到学校后，我重新进行设计，先收集素材，利用 PPT 和故事营造出情景，再针对片段，与英语的相应内容结合，提出几个明确的小问题。结果，绝大多数学生积极地举手发言，参与讨论，基本达到了预期的效果。

这一活动，使我认识到，教学一定要把准学情，设计好教学内容与形式，才能顺利地实施教学，达成教学目标。

（周永福第一实验学校　苏媛）

3. 学习行为总结

学习行为总结指的是参培教师对自身在教学技能提升培训活动中的学习、实践行为进行回顾总结，并结合自己学习目标的达成情况，与预期目标达成情况、同伴与团队的目标达成情况进行对比，对学习行为本身的有效性和不足进行总结。

（三）主要问题

主要问题指针对学习与工作实施过程中，或者实证效果归因分析得出的还没有解决的问题，还存在的差距与不足，以及暂时还没有准确地查找出成因及解决对策的问题。

失败教训是在明确地查找出问题及成因的基础上，对于如何预防问题的发生提出的经验性对策。而主要问题指的是目前还没有找到有效的解决对策的问题。对问题、差距不足的总结不能泛泛而论，要找到真正的问题、问题的真正根源，多追问几个为什么，尽可能从"我""本"两个维度进行归结。

案例：查找教学技能与行为的不足。

（四）改进措施

改进措施主要指在之后的学习、工作中，结合实际推广应用总结提炼出的经验，吸取教训，针对存在的问题，面对新的形势与要求，拟订出准备采取的新措施。

改进措施，既有对教学技能与实施行为全面系统的升级，也包括点上的改进、优化。需要重点关注的是在原有经验基础上的升级，对原有经验的迁移、整合和创新，从点、面、体三个层面提升教学技能，改进教学行为，优化教学资源，提升教学效益。

案例7-13：参培教师在实践中提升教学技能

口头评价，点燃课堂激情

"你的语言表述准确，我很喜欢，谢谢你！""你的分析比较全面，如果再从另一角度考虑，你的分析就是周密的。""你很会倾听，通过倾听，你学到了他的经验，同时也听出了你的见解。为你的提升点赞！"……言语，点燃课堂激情。师生之间不再是永不相交的平行线，而是心灵不言而喻的沟通。教学技能提升培训课上，心有所动。

心动不如行动，恍忽间，醍醐灌顶。教学《紫藤萝瀑布》时，我开始尝试：你的朗读，读出对紫藤萝的喜爱；你的思考，很有深度，由表及里地感受作者当时的所思、所感；你对关键句的理解能结合全文分析，很有文本意识；你语言表达很有逻辑性，说明你是一个严谨的人；你如果能进行多角度思考，你会更有收获……肯定、欣赏、激励、生长、创新、愉悦，新时代课堂教学的特色，也是一个专业的优秀教师所必需的。

心理学家詹姆斯说：人类最本性、最本质的需要是渴望被肯定。课堂根据实情适时进行科学的口头评价，向学生无声地传递赏识、方法、关爱，促使学生萌发进步的渴望，那就能实现"随风潜入夜，润物细无声"的教育效果。

（白马学校　潘云平）

第二节　总结提升的实施内容

总结提升是教学技能提升培训的最后一个环节，参培教师在学习过程中和前三个环节之后，根据阶段目标任务，按照"个体—小组—全班—区域"的顺序，完成总结提升任务——提炼学习成果、总结实践经验、查找发现问题、制订改进方案、整理教学资源，在此基础上，与同伴合作，通过展示交流、互动研讨，相互启迪，互助修订、完善，共享智慧与成果。

一、总结提升的任务

总结提升的主要任务是，撰写并交流对教学技能及综合运用的理解和认识，内化并应用于教学实践，综合应用四项技能进行教学模式建构、教学资源建设的实践探索，在此基础上提炼经验、教训，查找存在的问题，将经验、教训转化并融入个体、群体智慧，用于指导下一步的学习与实践，优化教育教学与专业发展行为，提升学习与工作绩效。

（一）提炼学习成果

这里说的学习成果，其内容主要是根据学习目标、带着学习任务，在自主查阅、学习相关资料、文献，聆听专家讲座和示范，与同伴进行交流的基础上，所获取的理论知识与间接经验。参培教师通过梳理、提炼，使这些理论、知识、间接经验，有效地内化，植入其知识结构和经验系统。

1. 梳理提炼

（1）回顾查阅。

尝试回忆学习的理论与知识，查阅《学习手册》上的记录，以及手机、电脑、教学设计稿、听课笔记等处的学习痕迹、记载，尽可能全面地回顾学习内容与过程。

（2）梳理要点。

结合学习目标及已有知识、经验和实践所获，进行尝试回忆，在此基础上初步梳理，罗列出学习内容要点，特别是自己行之有效的方法策略等实践操作技能。

（3）提炼呈现。

分析内容的逻辑关系，以思维导图、结构图、鱼骨图、流程图等图形工具和表格等为载体，将学习内容结构化整理、呈现。

2. 内化表述

（1）内化。

内化指结合已有经验和实际进行联想，通过自我对话和与同伴交流，理解、内化学习内容。

（2）表述。

表述指用自己的语言表述出来，包括口头语言和书面语言两种方式。参培教师通过表述，加深对学习内容的内化理解，使其与已有的知识和经验有机地建构为一个整体。

案例7-14：参培教师心得体会
专项培训助我提升教学技能

通过这次以"教学技能提升"为核心的集中培训，我认识到优质教学与教师的教学技能密不可分，教师掌握、使用好教学技能，是提升教学质量的必须。必然会收到良好的效果。通过学习与实践，对于教学技能的要点，我有以下体会：

一、导入宜激趣

导入新课是课堂教学的重要环节，是一堂课得以成功的重要条件。一堂好课如果没有成功的开端，教师会讲得索然无味，学生也难进入学习状态，课堂教学的其他环节也就很难进行。导入要能激发学生的学习兴趣，让学生对知识产生浓厚的兴趣，注意力就集中起来了。为达到这一目的，教师要精心选择导入方法，因课而异。

二、讲授要务实

讲授是教师在课堂教学中为传输特定的知识信息，综合地运用各种语言表达方式的一类教学行为。讲授技能是一种最基本、最常用的课堂教学技能，几乎没有哪一种教学活动可以离开它。但归根结底还是要从本班学生的实际情况出发，选择学生易接受、易理解的方法。

三、提问要精当

传统教学"满堂灌"，改革后又容易走向另一个极端"满堂问"，教师一个问题接一个问题地提出，学生真可谓"应接不暇"，疲于回答，思维混乱，读书内化的时间减少了。一节课下来，真正属于学生的东西很少，留在脑中的更少，学习效率可想而知。因此，提问要精，要让学生在思索中有所悟。学生要有读书的时间，才能有内化的时间。

四、评价要到位

良好而恰当的评价，有利于激发学生的学习兴趣，引导学生学习，教师在评价中，要多运用发展性评价，关注学生的发展，对其发展过程中的进步和改进及时予以评价，促其更好地发展。评价不是盲目地表扬，不是一味地说"好""棒"，还要及时指出并纠正学生的错误，才能引领学生走向成功。

这次学习增长了自己教学上的知识，对课堂教学技能有更深层次的认识，以后要通过不断提升自己的课堂教学技能来提高自己的教学水平，使每一堂课都成为有艺术、有质量的课堂。

（弥陀学校　先明）

3. 论证检验

（1）理论论证。

一是逻辑分析。逻辑分析是指从逻辑层面对学习成果本身以及内在的逻辑关系等，进行分析。

二是理论依据。用已有的理论，对提炼出的学习成果，就其正确性、科学性、完备性和价值进行分析、论证。

（2）实践检验。

通过实践，对学习成果的科学性和实用性进行检验。具体做法有两种：一是利用已有的实践经验去检验；二是将学习成果运用于教育教学实践，通过实践行为及其效果予以检验。

案例7-15：参培教师的收获

选择适合的教学内容

在教学技能提升培训学习过程中，我观摩了许多老师的公开课，得到很多收获。

在教学内容的构建方面，很多老师都注意了从生活实际中去掘取素材，有来自网络视频的，也有自编自演的，极大地增加了教学内容的趣味，能很好地吸引学生的注意力，并且调动课堂气氛。令我印象深刻的片段有：《战狼》的豪迈之情让人热血沸腾、《花木兰》的亲情令人感动、《熊出没》中的光头强让学生们忍俊不禁等，这些都很好地结合了上课的内容，非常出彩，做到了让学生们有话想说、有话要说。

通过一系列的观摩课学习，我看到了很多心思巧妙的教学设计，打开了我的思路，以后我也可以运用到我的课堂中。在听说课上，有"苹果树"的"落苹果"抢答，也有小主持人现场采访；在阅读课上，有"记忆大比拼"的头脑风暴，也有"幸运大转盘"的问答；在写作课上，有思维导图的写作示范，也有各小组的写作成果展示。说明只要用心去钻研，教学设计可以常变常新。

在教学设计中，我注重了对学生的情感教育的渗透。让学生们从衣、食、住、行等方面关注健康的理念，引导他们乐观向上的心态。引导学生们热爱家庭 We love our parents! We should help do chores! 热爱学校 Love school! Share chores! Be polite! 热爱家乡 Love our hometown! 热爱运动和生活。不以貌取人 Don't judge people by their appearance. 不自怨自艾 Everyone is special. Everyone is important. 像 volunteers（志愿者）一样体谅弱者，奉献爱心；像 Aron Ralston（阿伦·罗斯顿）一样自强不息，不断奋斗。

为了让英语学习与学生的生活实际更好地结合，激发学生更大的学习动力，在教材内容建构上，我不仅注意积累时事热点话题、与英语教材有关的搞笑视频等，还自己制作微课，这能让学生更愿意参与学习。

七年级下册的第 11 单元 How was your school trip? 谈到学生们在农场度过周末的所见所闻时，以综艺节目"爸爸去哪儿"中的奥运冠军田亮和模特张亮为例，利用学生们"追星"的心理，把相关场景用英语表达出来，同时让他们去感受亲密的亲子关系。

八年级上册的第 6 单元 I'm going to study computer science. 谈到将要学习计算机科学时，我联系学生最喜欢的电脑和手机，播放了关于马云教育、学习的励志英语演讲，带给学生们榜样的力量。

八年级下册的第 6 单元 An old man tried to move the mountains. 谈到《愚公移山》的故事时，我把央视《大国工匠》介绍给学生，让他们领略当代"愚公"的精湛技艺和钻研精神，激励他们为将来成为新一代的建设者而勤奋学习。

初中英语教学需要我们做勤于思考、勇于实践的有心人，通过不断提高教学技能，才能让教学内容充满激情和创意，让学生更喜欢、更容易达成学习目标。

（南城学校　黎小可）

4. 矫正提升

（1）矫正修订。

①矫正偏差。在理论论证和实践检验的基础上，发现学习成果或自己对学习成果的理解存在的偏差、不足，及时予以矫正、修订。

②完善不足。对学习成果中存在的不足，进行补充和完善。

（2）融合提升。

①有机融合。将学习成果融入个体原有经验，有机融合，使其成为自身智慧的一部分。比如，学习新的技能，或者对原有技能的升级等。

②升级表述。将融合了个体经验后的学习成果，以总结、心得体会、学习报告、论文、随笔、讲座稿、思维导图等形式，规范地固化为整体或专项成果，并表述出来。

案例7-16：总结提升促进参培教师优化教学方法
查找教学技能不足的方法

我是一个数学教师，是学校的数学教研组组长。提高自己并帮助全组教师提高教学技能，是我工作中的一个重要任务。

通过这次教学技能提升培训学习，我们全组教师获益良多，教学技能提升显著，教学效益也有明显提升。但我们也认识到自己的不足，于是，我们借鉴教学技能提升培训的方式，开始开展组内查找教学技能不足的活动。

我们选择定期组织全组教师进课堂同时听一个老师的随堂课，从真实的随堂课下手，每一次听课下来，基于"查找不足、尽可能提高"这一出发点，大家规定课后马上用10多分钟开展批评与自我批评，每个人必须发言。

一开始大家不好意思，同事之间抹不开面子。于是刘代贵副校长和我就带头上课，组织大家评课，查找教学技能的不足。由于有"必须指出不足"的规定在前，研讨活动效果很好。第一次上课，我们两个的课被批得体无完肤：形式化——大量使用课件，不能及时针对学生的实际反映调整教学内容和进度，强迫式地利用课件强行完成一节课的事先安排内容（简单点打个比方说，就好像喂一个小孩子吃饭，我们教师只管把丰盛的饭菜呼呼地塞向孩子的嘴巴，至于嘴巴能不能装下，装下的能不能吞下全然不管，还自我感觉任务完成得很好）；自我化（打个比方就像拿了一个苹果跟学生说这个苹果又香又甜，然后老师使劲咬了一口，砸吧砸吧嘴巴吞下去说，好吃好吃，一直重复这个动作，苹果吃完了问学生今天老师带来的苹果好吃不？学生齐刷刷说好吃。那么好吧，请同学们记住苹果很好吃，又香又甜，以后要考试），教师的主导作用，学生的主体作用轻重不分。

被批了，我们两个勇于接受，再上第二次，结果刘代贵校长连续上了2节，我连续上了4节。

渐渐地，我们组内的教研风格已然形成，三个精准成了我们上课的必备内容：精准教材要求，精准学生情况，精准课堂检测。所有的教学技能全部围绕着三个精准展开，教学一下子实在起来，课件的制作修改组内通力合作，不再为了所谓的流畅和形式；组内每个教师都上了随堂课后，现代化的教学手段已经很熟练了。有目的地学习先进的教育教学技能成了每个教师的自觉行动，为教而学，实在、痛快、高效。这应了一句话，真正想干的事才会不觉得累，才会自觉、愉快地做好。

随着全组数学成绩的不断提高，组内互查、个人自查已经成为常态教学技能，发现的漏洞教师都能及时学习跟上。

（南城学校　刘正良）

（二）总结实践经验

成功经验是从成功的工作中萃取出来的，可以指导和帮助自己及他人，更好地找到下一步工作的有效办法，失败的教训也是实践探索获得的经验。回顾目标、评估反思、归因分析、提炼成果，可以让我们比较有效地总结出可复制、借鉴的实践经验，指导我们的行动，帮助我们改进工作，更好地解决问题。

1. 回顾目标

在前三个环节的基础上，回顾本次学习的意图或目的是什么？制订了什么样的计划？准备要做什么事情？想要达成什么目标？

（1）目标确定。

回顾学习前，根据培训的相关要求，结合自身的实际制订的学习目标。包括知识与技能提升的效果与成果目标，需要做的事情与如何完成的过程与方法目标，自身的心态、师德、认识转变的情感态度价值观目标，并进一步梳理和提炼。

案例7-17：研讨达成共识，促进共同提高

在教学技能提升培训活动中，分水岭中学的赵静老师上了一堂研究课——"公民的基本权利"。

在活动的总结提升阶段，全组教师通过热烈的研讨，达成了以下共识：

面对部编新教材，老师要在集体备课时做好教学充足准备的前提下，才能走进课堂、走近学生，尽量选择与学生实际生活经验、原有知识结构相符的教学内容与资源，设计出符合学生心理倾向的课程活动，充分调动学生的积极性、主动性和创造性，从而提升课堂教学的有效性。充分运用好"运用你的经验""探究与分享"等六个小栏目这一"脚手架"，真正让学生参与进来，充分发挥学生的主体作用，实现社会主义核心价值观进教材、中华优秀传统文化进教材的价值引领作用。

（白马学校　文雯）

（2）任务设置。

学习任务，是指具体要参与的学习培训活动、要做的事情的数量与质量。通过任务清单进一步梳理，以表格的形式呈现，如阅读多少文献，聆听多少讲座，观摩多少课堂教学，参与哪些技能训练和展示交流，解决哪些问题难题，进行哪些实践探索，完成并修订哪些教学设计，提炼哪些经验成果，写作什么材料，研发什么教学资源……

（3）计划拟订。

学习前，如何根据自我诊断的结果，针对自身的优势与不足，从扬长与补短两个层面着手，拟订出具体的学习实施计划，即自己或与哪些同伴合作，在什么时间、什么地点、做什么事情、做到什么程度，如何检验和判断是否完成任务、达成目标。

2. 评估反思

对照目标，收集证据进行实证，并回顾反思学习过程与行为，弄清实际做了什么？在什么情况下做的？怎么做的？目标达成情况如何？

（1）目标达成。

从知识与技能、过程与方法、情感态度价值观三个维度，从定性与定量两个层面，检测效果、审视成果，逐一对标评估学习目标达成情况。

（2）任务完成。

对照任务清单，对标检查任务完成情况，评估任务完成质量。注意对于拓展性、延伸性等"超额"的清单外任务，要专门清理出来。要注意梳理形成的新成果、探索中的新发现。

（3）存在差异。

差异包括两个方面，一是未达成的目标、未完成的任务，二是达成的预期之外的目标和超额完成的任务。可以以清单的形式进行梳理，同时对情况进行简要叙述。

3. 归因分析

追问"达成目标与存在差异的原因是什么？其关键因素是什么？"，从得失两方面查找原因。通常来看，归因有以下三类：

外部归因，即把所发生的事归结为外在情境因素，把成功归于运气，把失败归于命运，相信人受环境、有势力的他人、命运和机遇的摆布，工作很难做到努力与勤奋，通常充满抱怨，也会不经意间就与机会失之交臂。

内部归因，即把事物发生的原因归结为个人内在的因素，如性格、努力程度以及自我情绪等。相信事在人为，把成功归结于个人努力，把失败归于个人疏忽，相信命运掌握在自己手中。通常在日常工作中不遗余力地做事，严于律己，但有时使自己压力过大，需要学会调整自己的情绪。

综合归因，是把事物发生的原因归结于内、外因素相互作用的结果。比如工作没做好，既分析此次任务的特点又反省自己的工作方法，这是综合归因的结果。综合归因往往更有利于心理健康，有些目标没有达成，一方面会寻找内在原因，另一方面又会寻找外在原因，这种综合归因不会过于勉强自己，也会让我们能够更加心境平和。

特别是教育教学工作和教师学习培训是比较复杂的综合性活动，其影响因素众多，更需要的是综合归因，客观地分析影响成败的原因，而不是主观臆断；一般先从自己内部找原因，激发自我责任感，不是一味埋怨外部环境，也不是一味地自责；尽量找出自己可以改变的因素，不过多归因于不可改变或太难改变的原因。

（1）达标归因。

达标归因是指将实证检验认定达成的目标进行分解、细化，对照学习行为、任务完成情况进行归因。

（2）超额归因。

学习、工作中，往往会取得超越预期目标的成果与效果，虽然没有在预期范围内，但是对促进教师专业发展、改进和优化教学工作，也有积极的甚至是巨大的作用。对于超额目标进行归因分析，也很有必要。

（3）偏差归因。

学习、工作中，往往会出现预期目标没有达成，行为目标与预期目标之间存在差距甚至较大差距，或者行为目标偏离预期目标到无效方向的情况。这其中既有人为的原因，也有客观的、外部的原因。将这些原因找出来，特别是从"我""本"两个维度进行归因，可以为今后的学习与工作提供前车之鉴。

偏差归因，可以借助鱼骨图等工具，按照偏差事实—明确问题—追踪成因—寻求对策（预防）的顺序展开。

归因分析时要注意，不仅要对过程及目标进行梳理及成因分析，还要对未发生的行为进行虚拟探究，探究其他行为的可能性与可行性，以找到新的方法和出路。

可借鉴韦纳归因理论的六个维度进行归因分析，找到内在的、可以改变的量（见表7-2）。

表7-2　韦纳归因理论的六个维度

维度	稳定性		内在性		可控性	
	稳定	不稳定	内在	外在	可控	不可控
能力高低	+		+			+
努力程度		+	+		+	
任务难度	+			+		+
运气好坏		+		+		+
身心状态		+	+			+
外界环境		+		+		+

4. 提炼成果

围绕"有什么收获与教训，如何应用到以后的学习和工作中"，总结提炼出教学技能提升学习与教育教学实践中，可供推广应用的经验与教训，以成果的形式呈现。

（1）梳理提炼。

对标实证分析的基础上，对成功的经验和失败的教训进行梳理提炼。可以借助思维导图，对相应的理念、行为，包括大量的细节进行回顾、梳理，系统化地整理提炼，特别是找出其中规律性的东西，包括理性的认识与实践层面的操作。在个人梳理提炼的基础上，通过头脑风暴法与同伴交流研讨，相互影响、触动，在此基础上修订、完善，提炼形成成果。

案例7-18：提炼教学模式

我是这样提炼教学模式的

——以我校语文复习课自导式教学建模为例

"昨夜西风凋碧树。独上高楼，望尽天涯路"的焦灼、迷茫，不知所措：教学技能提升培训学习、线上线下，不同体裁、不同课型……我们磨课，磨教案，一稿二稿三稿。什么建模，什么教学实施技能，一片渺茫，只是一味地跟着别人的步伐，不知所措。

"衣带渐宽终不悔，为伊消得人憔悴"的执著学习、总结：通过《一棵小桃树》《紫藤萝瀑布》《关雎》《钱塘湖春行》等示范课的观摩、小组合作研读等学习，在专家、名师的解读下，初步有了教学建模的构架。

"众里寻他千百度，蓦然回首，那人却在灯火阑珊处"的欣喜、豁然开朗："不管白猫黑猫能抓住老鼠就是好猫。"教学模式没有最好，只有合适与否。结合我们乡镇学校学生的实际情况，反复实践，最后确立的复习课教学模式是：自读任务一是共读一篇；自读任务二是挑战自我；自读任务三是练一练，检测任务，小结，作业布置。

古人说"不登高山，不知天之高也；不临深溪，不知地之厚也"，不见各路教研"神仙"，不知其博大精深也。教学技能提升培训学习接近尾声，蓦然回首，身后留下一串或深或浅的成长足迹。

（分水岭中学　刘燕）

（2）固化表述。

将提炼形成的成果，按照规范的格式，用语言、图表等固化、表述，以专题报告、论文、经验成果、心得体会、汇报材料等方式呈现。

案例7-19：参与建设共享资源库

我是这样参与学科共享资源库建设的

在这次"教学技能提升培训"的学习活动中，我是这样参与音乐学科资源库建设的：

首先，根据大量的文献分析和调查研究，明确当前中小学音乐教育现状和利用信息资源进行教学现状，在对比中外音乐教育资源建设发展现状基础上，结合实际梳理出当前中小学音乐教育资源建设的特点与不足，形成并提出建设自我特色的中小学音乐教育信息化主题资源库的设想。

其次，在实践的基础上，参照现有的资源库建设成功案例，提出建设中小学音乐教育信息资源网站的具体构想和具体方法，即从网站平台建设、学科资源库建设和交互平台建设三个方面，对中小学音乐教育资源库的建设进行实践探索。

最后，在如何利用信息化教育资源促进教学方面，从中小学音乐的三个教学领域，即课堂教学、课外教学和课外活动，以及在不同教学模式下对如何利用信息化资源以获得良好教学效果进行反思、改进。

（分水岭镇初级中学　邓叶）

（3）检验矫正。

与同伴合作，在专家指导下，从理论层面对成果进行评估论证。及时将提炼形成的成果运用到学习、工作的实践中，及时收集证据，对成果的科学性、实效性与不足等进行检验、评估，在此基础上，对成果进行修订、完善。

（4）推广应用。

通过小组与班级的成果交流活动，以及网络平台、教研活动和刊物等载体，推广、共享经验成果，并经受更大范围、更多领域的实践检验，不断修订完善。

同样的方法，用在对一节课、一次活动、一项资源的开发上，对一节课、一次培训、一次技能训练的组织实施上，评估目标达成、任务完成情况，进行归因分析，找出成功的经验与失败的教训，形成经验成果，及时推广应用，跟踪评估，不断修订完善。

案例7-20：学习助推工作改进

在参加教学技能提升培训的基础上，我这样改进工作

教学技能提升培训中，小学语文教学技能提升培训班从识字、阅读、口语交际、写作四大板块切入，让我对这四个板块的教学内容、教学设计、教学实施、教学评价技能有了新的认识，通过实践训练得以提高。结合学习所获，我从以下三方面着手，及时在教学实践中改进教学方法。

一是正确解读课标，准确解读教学关键点，循序渐进培养学生的语文素养与语文能力。

二是拓展学生思维，做好语言的积累运用。将知识点的深度与广度相结合，增加语文知识积累，提高学生学习语文的兴趣。如"羞"是上下结构，以手持羊，表示进献；"丑"是手的讹变，同"馐"。当学生掌握这些知识时，才不会误认为它是半包围结构。这也更能让学生对中国文化汉字产生迷恋并深爱。

三是与生活相联系。课本只是一个载体，学生的学习建立在认知基础上，进行理解分析、归纳并总结出规律，寻求解决之法，然后将这些所获用于生活，让学生尝到知识的甜头，学有所用才能更爱学习。

（白马学校　王琴）

（三）查找存在问题

这里的问题与前述的总结教训中的偏差与问题不同，前面是指因为工作出现偏差而导致的差距或不足，是可控的，需要总结提炼出防范问题出现或目标偏差的措施、策略等。这里的问题，指在学习、工作中，按照预期计划去行动，仍然存在的与预期目标的差异。如部分参培教师按要求参与学习活动、完成学习任务，但教学技能提升、教学行为与效果改善不明显；部分教师模仿借鉴别人行之有效的教学模式，教学成绩没有提升甚至还略有下降。

1. 对标分解

基于目标和现实，回顾学习与工作过程，特别是学习的态度与行为、任务的完成情况，找出偏差，特别是还没有达成的目标。

2. 明确问题

（1）拆解问题。

对于没有达成的目标、没有完成的任务或没有解决的问题，采用鱼骨图等工具，将目标分解为指标或子指标，将任务或问题从人、财、物、机、料、法等维度进行拆解。

通过拆解，明确存在的问题究竟是什么，哪些是真问题、哪些是伪问题，哪些是单纯问题、哪些是复杂问题、哪些是难题。

（2）界定问题。

通过分析、论证，弄清哪些是能够解决的问题，哪些是暂时不能解决的问题，最终找出"我""本"层面的问题，遴选出需要且能够解决的问题。

3. 分析问题

与前面的偏差归因类似，重点是对标取得成功的同伴或者成功的同类事例进行分析，从科学理论与实践经验两个层面对问题的成因进行深度挖掘，找准导致问题的原因。

4. 着手解决

探索"自我"角度、"本源"层面，如何分解目标与任务，设计改进观念与行为，着手解决问题。

（四）制订改进方案

制订规划：接下来我们该做什么？具体怎么做？总结最精华的部分则在于最后输出可行方案——将经验转化为接下来的工作目标、任务与步骤、措施。

1. 基于发展

面向未来，基于发展，根据教育教学的新要求，面对新形势下的学生、新的教育教学理论、新的技术条件带来的新的要求，确定出技能提升、教学模式优化与教学资源建设的新目标，推广应用总结提炼的经验和资源成果，根据目标的达成确定出新的任务与行动计划。

2. 立足现实

立足于现有的知识、技能与经验基础，在现有基础上进行创新和发展，特别是将现有经验在新的背景下创造性地推广应用。

3. 关注教训

充分吸取总结提炼出来的教训，在学习与工作中，刻意防范和避免失误与偏差，特别是学习进取动力不足、惯性思维制约等方面的问题。

4. 着力问题

改进方案要针对存在的问题，创新思路与行为，着力解决存在的问题，整合创生新的想法。

（五）优化教学资源

围绕"立德树人"的教育目标，根据"以生为本、以学定教"的基本理念，按照"教师引导、指导、帮助学生自主学习"的基本要求，构建基本的学科教学模式。各参培教师根据教学模式的相应环节、流程，研发、建设"导学提纲、教学设计、教学课件、微课与案例、练习与检测"一体化的教学资源库，并通过学习与实践不断优化其内容与结构。

1. 收集整理

将前三个环节的教学设计案例、课例分析、专题讲座稿、题库、课件以及生成的专项成果等，收集整理并共享。

2. 分工研发

根据需要，分工研发学习、教学所需要的资源。要明确目标、要求，制订出明确的资源标准和规范，提出资源研发建议，分工自主研发，形成初稿。

3. 合作完善

在团队合作修订完善的基础上，通过评估验收后，共享试用。根据试用的效果，不断地修订完善、升级更新。

（六）打造学习团队

1. 构建学习团队

将教师团队打造为学习共同体，引导参培教师形成并强化终身学习、共同学习的理念。

构建独、合结合的校本研修机制，明确相应要求与规范，落实任务，引导和促进教师强化学习意识，规范学习行为，养成学习习惯。

2. 完善学习资源

（1）完善学习资源。

不断修订完善学习资源，更好地引导和帮助参培教师学习、实践，提升教学技能、改进教学行为的学习资源。

（2）构建教学模式。

分学科构建各学段、各类课型的教学模式，以及结合教师个体特点与学生实际的教学模式变式。

（3）研发教学资源。

研发以导学提纲、教学设计、教学课件、辅助案例与微课等为主体，几者有机整合的教学资源，以信息技术平台为载体，构建区域性的共享教学资源库。

案例7-21：我的共享教学资源库有这些内容

通过"教学技能提升培训"，我更加体会到教育教学资源库建设和共享的重要性。就此，谈谈我的共享教学资源库内容：

1. 学科小故事（如：孙膑吃馒头、0的起源地印度、毕达哥拉斯的有理数理论、黄老汉觅石记、阿尔-花拉子米的历史故事等）

2. 教学课件（包括：教学技能提升培训公开课课件、自己改编课件、网上下载的优秀课件等）

3. 教学预设（教案与学案资源的整理）

4. 中考试题（包括：单元测试、期末试卷、中考真题等）

5. 微课（如：合并同类项方法讲解、平方根的解释、二元一次方程消元的讲解等）

6. 课程标准（新课标的要求、教学重点难点的分析）

7. 几何画板（验证同角的余角相等的原理、勾股定理等）

8. 学科网站资源库（如：12999初中数学网、百度文库、第一PPT、可乐数学等）

（分水岭中学　余艳秋）

案例7-22：我是这样与大家一起建设教学资源库的

这次教学技能提升培训活动中，根据安排，我作为组长，牵头负责四年级语文学科教学资源库的研发建设。

接到任务后，我首先建立了"四年级语文教学资源"QQ群，各校四年级的老师陆续加入群中；接着我把本学期八个单元的教学内容分配给了八所学校的老师，再由各自学校的负责人把单元中的课文根据学校教师实际情况分配给老师完成。老师们分工合作，通过学习、初备、研讨、修订、试用、再修订等环节，开发并共享学科教学资源。

得到分工后，老师们开始着手整理各自的资源建设，从以下几个方面设计：

一、加强、加深对课文的解读

吃透课文及教师用书，参照《课程标准》积累教学资源，把教学中的重难点和知识点罗列出来，读通课文，读懂课文。弄清每课在教材中的位置以及和前后文章的联系。研读教学参考翻阅教学资料，注重教材，重视对文本挖掘的深度和广度。

二、上网查询资料，下载有用的教学资源

网络的便捷让我们可以更好地借用别的老师整理出的教学资源，这样，我们不用再花大量的时间去制作。老师通过上网查询，下载了有用的教学资源。当然，"拿来就用"肯定是不行的，资源收集后老师们会根据自己的教学设计将资源进行修改。

三、从教研活动中积累教学资源

每位教师每期都会参加教研活动。教研活动是很好的学习机会，在资源群中，老师们交流通过教研活动学到的好的教学方法和新的知识，合理地运用到自己的教学资源中。

四、教学资源要完整

每位教师整理的教学资源不仅仅是为了自己上课所用，是一人准备，大家都能共享、借鉴。因此，教师在准备教学资源时把一课的配套资源都完善，包括教学设计、学生使用的学案以及课件。除此以外，教师认为有助于本堂课教学的其他资源，如视频、音频等资源也应收集完善并共享。

原来，教师们备课是一位教师备全册教材，时间和精力均有限，资源更有限。现今，有了教学资源库，一位教师准备一课的资源，可以精心准备，资源质量更高。在共享的过程中大家还可以相互讨论、交流和研究，取长补短，从方法、角度、技巧上完善自我教学技能。

林老师的教学设计中有课前预习、自主学习、合作探究、拓展提升、当堂测试。在与林老师的交流中我得知，她想到资源是大家可用的，因此在准备《麦哨》这课时，她查阅了很多资料，花了近一周的时间就备这一课，她为她的教学资源能帮助到其他老师感到很高兴，当然，最高兴的是现在能在资源库里找到其他课的教学资源，帮自己节约了很多备课的时间，可以把更多的精力用在教学研究与实施中。

在资源收集过程中，还存在一些问题，如个别老师教学设计适用面太窄、资源上传较迟、资源内容不够全面、资源普适性不够……

万事开头难，虽然在资源库的建设中还存在一些问题，但只要老师们能转变观念，日后教学资源库中的资源一定会越来越完善，共享资源定能共赢教学。

（南城学校　徐梦星）

二、总结提升的组织实施

（一）组织实施

总结提升渗透于教学技能提升培训活动的全过程，既有渗透于全程的、自觉自为的及时性总结、提升，也有专门的环节，规范有序地组织总结提升活动。

1. 个体总结

参培教师个体，在前三个环节的学习实践与随机反思、总结的基础上，按照"回应目标、评估反思、归因分析、提炼成果"四个基本环节规范地进行自我总结，初步形成总结提升材料。

案例 7-23：教学技能提升是教师的永恒要求

离开单纯的校园，踏上"三尺讲台"转眼已是第 13 个年头了。一路走来，曾经的满腔热忱已消磨殆尽，我也曾以为从此就这样"了却残生"！直到参加本次教学技能提升培训，我才幡然醒悟：我的职业生涯才刚起步，还有将近 20 个年头的精彩等着我去创造，怎能如此了无生趣地浪费自己的生命？为了以后的生命之花更鲜艳，为了给我的学生一个更好的"王老师"，我对以后的人生做了如下规划：

一、牢记使命，不忘初心，坚定不移地跟党走

二、积极参加各级各类学习培训，树立终身学习的观念

教师的本职工作是教书育人，要通过学习提升自我的师德修养，丰富知

识结构，增强理论底蕴，努力提升自己的业务水平，使自己由一名业务型教师向专家型教师看齐。

三、多读书，用知识武装自己

抓紧课余时间认真学习，并且要做好笔记，写好批注，争取每读完一本书或一篇文章就完成一篇读后感。将读书放在第一位，是因为这些书籍将填补我在理论方面的缺陷，必将对我一生的教育事业发展产生潜移默化的作用。

四、创新课堂教学，坚定不移地推行课改政策

1. 加强课堂教学研究

利用好网络资源，结合实际，融入课堂；多向老教师、有经验的教师请教，认真备好每一堂课；用心灵去教育学生，用情感去感动学生。上好每一堂课，坚持写教学反思，及时总结经验；坚持听课，借鉴别人的长处，改进自己的教学方式，努力创新教学方法，向40分钟要质量。

2. 掌握现代教学手段

现代教育不是简单地传授知识，重要的是要培养学生的能力。当今的科技快速发展，要求教师有高深的专业知识。为此，掌握现代化的教学手段，也是促进教师转型的重大策略。在最短的时间内学习制作复杂的课件，帮助课堂教学，提高教学质量。

3. 建立新型的师生关系

学习和掌握先进的教学方法，不断探讨和研究如何与学生沟通，与他们进行心理上的碰撞来确定管理方式，与学生建立良好、和谐的师生关系。

水无点滴量的积累，难成大江河；人无点滴量的积累，难成大气候。没有兢兢业业的辛苦付出，哪来甘甜欢畅的成功的喜悦？没有勤勤恳恳的刻苦钻研，哪来震撼人心的累累硕果？只有付出，才能有收获。我相信未来掌握在自己手中。

（石寨学校　王英）

2. 小组研讨

以小组为单位，采用"头脑风暴法"，共享总结成果。在此基础上进行研讨，就共同关心的话题发表自己的观点，就问题的解决和成果的完善提出建议。通过研讨，形成小组的学习与实践成果，提炼出存在的问题，确定出交流主题、内容和交流代表。

3. 全班交流

各小组的参培教师代表，代表本组教师在全班交流，全班学员共享成果，共同思考存在的问题。在此基础上进一步深入研讨，互助解决问题或相互影响、启迪。

4. 提炼推广

个体、学科组、项目组等层面，分别进一步修订、完善，提炼形成学习与实践成果，以心得体会、专项论文、经验文章、成果报告等形式固化呈现，积极推广应用。

案例7-24：怎样多维度解读教材

教学中，我们发现，语文课堂要么是囫囵吞枣，要么是浅尝辄止，要么零散破碎，可以这么说：很多课堂都缺乏广度、深度和高度。究其原因，关键是我们老师对教材的解读停留在表面，为完成教学任务而教。为此，在这次教学技能提升培训学习中，我们就此问题进行了比较深入的研讨，达成了一些共识。下面是结合所学所悟进行实践探索的一些片段，供大家参考。

一、立足教材，读出广度

在教授九年级下册《孔乙己》时，我将本文与九年级上册的《范进中举》进行对比阅读，提出：请你分析两个人物有何异同？有学生答道："他们的身份相同，都是读书人。"有学生回答："他们的性格有相似之处，都带有读书人的迂腐、自命清高、死要面子……""他们的结局不同，范进要比孔乙己幸运，考中了，脱离社会的最底层"……老师总结：同学们都说得很对，但还有一个重要的相似点不容忽视，那就是他们的生存环境相同，都生活在吃人的封建社会，深受"万般皆下品，惟有读书高""学而优则仕"等封建思想的毒害，他们手无缚鸡之力，不能自食其力。假如范进没中举，他的结局将和孔乙己一样，只能用"悲惨"二字来形容，社会环境是造成他们悲惨命运的根源，他们的遭遇是当时读书人的缩影。范进没中举之前，处于社会最底层，被人吃，考中后似乎变成了吃人的人，但根据当时的社会现实来看，他仍然逃脱不了被更高级别的人吃，永远跳不出被人吃的死循环，其他的老百姓就更不用说了。他中举，对个人而言或是幸事，但对老百姓来说实则是一个悲剧，像这种醉心功名的人，一旦得志，一定会丧心病狂地攫取失去的东西，因为他们从来就没有过"达则兼济天下"的情怀。孔乙己的遭遇看似悲剧，但对天下苍生而言却是一大幸事，至少少了一个吃人的人。

二、不拘泥于教材，读出深度

教参中解读"曹刿请见鲁庄公的原因是：肉食者鄙，未能远谋"。我在上这一课时也据此提了这样一个问题：曹刿决意请见鲁庄公的原因是什么？学生们答道：肉食者鄙，未能远谋。这样回答似乎完美了，后来仔细一想，不对呀，如果非要说原因，这样的回答只能是算表层的原因。纵观中华文明的发展史，人们的价值观正如《论语·学而》所概括的"孝、悌、忠、信、礼、义、廉、耻"八德。尽管齐鲁长勺之战早于《论语·学而》的出现，但人类任何一个价值系统的形成并非一朝一夕。我们来看八德之一的"忠"，意思是尽忠，尽忠国家，这是作为国民的责任，就是要忠于祖国和人民。因此，曹刿的举动为何不能理解为"忠"呢？后来所衍生出的"天下兴亡，匹夫有责"，讲的就应该是这个道理。所以，第二课时，我提出：曹刿决意请见鲁庄公的深层次原因是什么？经过引导，学生们终于明白了是因为曹刿心系国家，有家国情怀，是他爱国意识的真实流露。这样一点拨，曹刿这一平民形象自然就比原来高大了许多。

三、面向新时代价值观，读出高度

随着社会的发展，学校发挥的功能日趋广泛，但最重要的功能仍是"启智"和"启德"。许多教师往往只关注"启智"，而忽略了"启德"。在教学《出师表》这篇课文时，我提出了这样一个问题：你如何评价诸葛亮？绝大多数的学生认为诸葛亮是一个知恩图报、忠心耿耿之人；但有少数学生提出诸葛亮的"忠"是一种愚忠，只是为报知遇之恩，只忠于刘备。这时问题就来了，怎样将有分歧的看法统一起来呢？老师加以引导：诸葛亮的人生观、价值观可以分为两个阶段来理解，在隆中务农的时候，他的人生观是"苟全性命于乱世"，只求平平淡淡过一生，他的价值观是"不求闻达于诸侯"，与世无争；而当他出隆中被刘备重用后，他以解救天下苍生为己任，竭尽所能，最大限度地去实现人生理想和人生价值，如果用我们现在的社会主义核心价值观来看，"爱国、敬业、诚信"在他身上体现得淋漓尽致。作为新时代的中学生，应该以诸葛亮为榜样，把实现个人理想和价值与国家梦想结合起来，做一个有担当、有责任感、有使命感的人。

（周永福第一实验学校　周建龙）

（二）工作要求

1. 明确时间

（1）及时总结。教学技能提升培训活动中、每项活动结束后及时总结，提炼经验成果与教训借鉴，查补存在的漏洞。

（2）阶段总结。每次学习的前三个环节结束后，按照要求进行阶段性总结，梳理经验教训，在此基础上找出规律性的认识、经验、改进策略等成果。

（3）全面总结。教学技能提升培训结束后，对四项教学技能提升的学习实践情况和提升效果、教学建模与资源建设的行动及成效，进行全面系统的总结。

2. 明确职责

（1）示范引领。培训团队、学校领导要以身作则，学会使用工具和方法，带领团队实践并运用。

（2）参培教师。重在实际运用，要学会相应的技能，以及配套的方法和工具，在实践中应用并逐步熟练，形成习惯。

（三）常见问题

1. 认识偏差

对总结提升的认识出现偏差，认为总结就是开表彰会或批斗会，就是选树典型歌功颂德或批倒批臭；认为总结经验并不重要，或者身边没什么经验可总结；受限于自身的认识与经验，未能科学、客观地梳理事实和归因分析，甚至揽功诿过；认为总结就是写材料，关键是"笔下生花"；认为经验都要高、大、全；不关注对失败教训的总结和存在问题的梳理。

2. 不够精准

（1）选点不准。总结脱离实际，没有落实到具体的点上；或者选点没有照应目标，没有结合实际，没有针对工作中的热点与难点问题，只是泛泛而论，简单地下结论，使得总结提炼出的经验、教训推广应用的价值不高；过于强调客观，未能从主观、本质上，从可以改变的"我"和影响教学绩效的"本"两个层面去挖掘问题根源，探寻工作改进之策。

（2）深度不够。仅仅是简单的事例堆砌，或者说些原则性的、空泛的"正确废话"甚至口号；总结提升就事论事，没有挖掘事实背后的本质问题或经验；涉及范围过于狭小；佐证案例不能说明经验成果或者教训，论证乏力或不够充分。

3. 提炼不足

站位不高，总结不精，提炼不准，没有形成有价值的规律性的东西；缺少创新，未能在原有经验的基础上进行创新和拓展，新的经验未能有机地融入原有体系，未能与相关理论整合，特别是未能将经验转化为新的生产力，未能真正发挥教训的作用。

4. 应用不够

对于总结出的学习与经验成果推广应用重视不够、宣传不力、效果不好，未能在之后的工作中和更大范围地发挥其应有的作用，也影响和制约了相应成果的进一步实践验证和改进提升。

（四）注意事项

1. 提高认识

正确认识总结提升的目的和意义，学会科学的操作方法，重在求真务实，本着实事求是的原则，促进和落实个体与群体的自我反思与剖析，从"我""本"的层面查找出真实的原因，分析提炼出科学的规律，找出、找准能够帮助自我有效提升教学技能、改进教学行为、提高教学绩效的措施。

按照"回应目标、评估反思、归因分析、提炼成果"的顺序，对总结提升行为本身和成果进行评估，提高总结能力和水平。

2. 再度学习

在总结的过程中，根据需要，及时通过网络检索、咨询专家、查阅文献等方式，进一步学习相应的知识与技能，收集并深入研读相应的佐证案例，统整融合相应内容。

3. 大胆创新

案例7-25：让生涯规划走进语文课堂

加强自身语言专业知识的学习，提高语文教学能力，为培养学生核心素养做好服务工作；进一步强化各项技能训练，努力提高自己的教学设计技能、课堂掌控技能与作业批改技能。力争做一个课堂上有创新、课内外学生喜欢的语文教师。

凡事"预则立，不预则废"，中学阶段是孩子认识自我的主要时期，是职业生涯规划形成的关键时期。依照生涯发展的步骤，中学阶段承载着生涯发展的两个重要内容：生涯唤醒和自我探索。学习语文课本，激发学生积极做好知识、技能、思想、心理等诸方面的准备，尝试进行自我探索，找到职业兴趣、方向，努力实施生涯规划。中学课本里有很多适合对学生进行生涯规划学习的内容，教师在备课时除了从语文角度出发，还可以借机对学生的职业生涯规划进行唤醒与引导。比如毕淑敏的《精神的三间小屋》一文，就是很好的范本。指导学生在阅读课本的过程中，不断反观自己，思考、总结，找到自己正确的位置，做好方向的规划。

（白马学校　许忠莲）

4. 注意方法

（1）选择工具。

查找、选择、开发、使用总结提升的科学方法和恰当工具，提高总结提升的质量和效率。

（2）收集案例。

广泛收集案例，遴选具有代表性的正反典型案例，更科学、准确地说明、佐证经验与教训。

（3）探寻依据。

挖掘经验、教训后面的理论与原理，"知其然，也知其所以然"，更好地提炼出规律性的成果。

第八章 结束语

我们针对区域内城乡学校师资水平差异显著导致教学质量差异明显的现状，围绕"学生'会学、学好'、教师'会教、教好'"的目标，通过教学技能提升专项培训活动，重点提升教师的"教学内容建构、教学设计、教学实施、教学评价"四项技能，渗透师德教育与心态激励，触及内心，使送培、参培教师师德水平进一步提升，心理状态进一步改善，职业认同感进一步增强；参培教师的教学技能明显提升，绝大多数达到基本的保底水平，部分达到较优水平；参培教师的教学行为发生转变，灌输式教学行为减少，让学生解决问题、完成任务经历真实的学习过程以提高核心素养的教学行为明显增加，农村学校教学质量有了一定提升；培养了一批优秀的"种子"教师，他们将项目中的研修活动的组织、实施、管理与成果提炼等做法内化为经验，运用到工作实践。同时，还通过实践探索，从培训队伍的建设、项目的实施与管理、基本技能培训的操作等方面，形成了一套区县域层面实施全体教师为对象的教学技能提升培训的计划实施经验；大胆整合创新，形成了一套促进参培教师师德水平与教学基本技能提升、心态改善、课堂变革的培训课程；通过研学实践，初步形成了以义务教育阶段主要学科的教学设计、教学课件、练习与检测题为主要内容的教学资源库；通过实践探索，推进教学教改，初步建构中小学校促进学生核心素养成为教学新模式。

通过进一步的反思，我们也发现中小学教师教学技能提升培训活动中存在着许多问题，主要表现在：部分参培教师和学校管理者，对教学技能提升培训的目的和意义认识不足，主动学习、实践的动力不足，对学习采取消极应对的态度；部分学校硬件条件不能满足集中培训需要，个别学校不能为培训提供合格的服务和保障；部分教师结合所学所思主动创新地改变教育教学的意识和行为不够；力量所限，评估激励不够，一是缺乏工具导致对工作绩效评估的科学性和实时性不够，二是难以对活动过程进行全方位的实时监测。

在接下来的工作中，我们将针对存在的问题，借鉴并推广应用教学技能提升培训取得的经验、成果，对标弥补差距与不足，提升教师培训效益。

1. 立足现实，强化队伍建设

一是加强培训者队伍建设，重点是提升培训者的"培训师"技能；二是加强行政管理和后勤保障队伍建设；三是加强宣传引导和制度建设，强化对教师培训工作的重视。

2. 多管齐下，创新培训课程

通过学习、借鉴、引进和开发，从总体到学科，从内容到形式，进一步创新、丰富培训课程。

3. 对标落实，细化培训管理

对照标准和先进地区的经验，开发教师培训项目的过程与绩效评估工具，进一步细化培训各环节的质量标准和要求，优化措施、流程，落实载体，更好地落实培训的管理工作。

4. 学用整合，关注培训实效

加强学用整合，以实效为导向，以行为改变为载体，注重对培训的延伸追踪，确保培训的实效。

教学技能提升培训活动，是促进在职教师专业发展、提升专业水平的有效途径，对常规的教师教育有积极的促进作用。教研人员和全体教师，都要以此为契机，发现教育、教师、教师培训、教研等方面存在的问题与不足，提炼出有效的经验与成果，以解决问题的针对性研训活动为载体，促进全体教师进一步更新、丰富专业知识，提升、熟练专业技能，将研训所得及时运用于教育教学实践，不断提升教学绩效。

社会在发展，教育的要求在不断提高，教师教学技能提升培训是一项常态化的工作，更是一项需要与时俱进、不断创新内容、资源、任务与形式的工作，作为教师培训者，我们需要自觉地加强学习，不断更新观念、知识与技能，丰富资源与经验，大胆地进行实践创新，提升培训的实效，才能有效地引领和助推区域教学品质的提升！

参考文献

［1］朱福元. 送教下乡培训的理论与实践［M］. 重庆：西南师范大学出版社，2016.

［2］罗洪彬. 导学议练课堂实施策略［M］. 乌鲁木齐：新疆青少年出版社，2011.

［3］尤小平. 学历案：深度学习［M］. 上海：华东师范大学出版社，2017.

［4］郭英，张霁. 教学技能训练教程［M］. 北京：科学出版社，2013.

［5］奥克利. 学习之道［M］. 教育无边界字幕组，译. 北京：机械工业出版社，2016.

［6］布朗，罗迪格三世，麦克丹尼尔. 认知天性［M］. 邓峰，译. 北京：中信出版社，2018.

［7］钟祖荣，李晶. 中小学教师专业发展标准及指导（理科）［M］. 北京：北京师范大学出版社，2015.

［8］罗洪彬. 目标导引 任务驱动 促进学生自主学习：以生为本的初中物理"自导式"课堂教学环节［J］. 中学物理，2019（2）：26-28.